Gwladychu'r Cymry yn yr *American West*

ynghyd â rhai o'r
datblygiadau rhagarweiniol i Batagonia

Eirug Davies

Llyfrau Llafar Gwlad
Golygydd y gyfres: Esyllt Nest Roberts

Argraffiad cyntaf: Mawrth 2003

Diolch i Gymdeithas Hanesyddol Minnesota am gael benthyg nifer o'r lluniau a gyhoeddir yn y gyfrol hon.

Rhif Llyfr Safonol Rhyngwladol:
0-86381-826-9

Cynllun clawr: Smala/Sian Parri

Argraffwyd a chyhoeddwyd gan Wasg Carreg Gwalch,
12 Iard yr Orsaf, Llanrwst, Dyffryn Conwy, LL26 0EH.
01492 642031
01492 641502
llyfrau@carreg-gwalch.co.uk
Lle ar y we: www.carreg-gwalch.co.uk

I ffermwyr cylch efail Llan-non

Codi'n fore, gweithio'n galed,
Trin y tir a phlannu'r had,
Nid oedd terfyn ar y llafur
Yn y wyllt, bellennig wlad . . .

Cynnwys

Rhagair

Tan ail hanner y bedwaredd ganrif ar bymtheg ychydig iawn o drigolion a gartrefai i'r gorllewin o afon Mississippi, ac mae hanes y sefydlu bryd hynny yn wahanol iawn i beth a ddychmygir yn aml. Gyda dau o bob tri yn ddibynnol ar y tir am eu bywoliaeth yn 1850 ac un o bob dau yn 1880, llafurio'n galed i greu ffermydd oedd tynged y mwyafrif. Dyma un o'r cyfnodau mwyaf cyffrous yn natblygiad y wlad ac nid oes raid edrych ymhellach na'r hyn sydd wedi ei gofnodi yn y Gymraeg i gael dealltwriaeth o'r cyfan. Yn wir, yr unig ddeunydd Seisnig a ddefnyddiwyd wrth ymchwilio i'r maes ar gyfer y gyfrol hon yw'r ambell draethawd gan ddisgynyddion yr hen deuluoedd Cymraeg.

Teg yw imi gydnabod fy nyled i John C. Davies o Manhattan, Kansas a Phil Parry o Riley, Kansas a'r pentref sy'n ymylu ar y gaerfa lle unwaith y gwersyllodd yr anfarwol Gadfridog Custer. Bu John C. Davies farw rai misoedd yn ôl a chefais lawer i sgwrs ddifyr gydag ef a Phil Parry ynghylch cymdogaethau Cymreig Emporia a Bala, Kansas.

Mae'r mwyafrif o luniau'r gyfrol yn ymddangos trwy ganiatâd Cymdeithas Hanesyddol Minnesota ac o du draw'r Iwerydd.

Bu'n fwynhad i gydweithredu â Dewi Morris Jones o Gyngor Llyfrau Cymru yn ogystal â Myrddin ap Dafydd ac eraill o Wasg Carreg Gwalch.

Cyflwyniad

Un o hir draddodiadau Patagonia yw dathlu Gŵyl y Glaniad ar Orffennaf yr 28ain. Ar y diwrnod arbennig hwn bydd y trigolion yn edrych 'nôl gyda balchder ac edmygedd ar y cyfnod pan anturiodd eu teuluoedd yno'n wreiddiol yn 1865. Serch hynny, nid Patagonia oedd y lle dan sylw pan ddechreuwyd trafod creu gwladfa lle gallai pobl fyw heb ddioddef unrhyw fath o ormes. Heddiw, yng ngoleuni'r holl ramant sy'n gysylltiedig â bron popeth yn ymwneud â Phatagonia, tueddir i anghofio mai dim ond ar ôl ystyried llawer o fannau eraill y penderfynwyd mynd i'r rhan yma o'r byd. Ar ben hynny, ni dderbyniodd y syniad o fynd i Batagonia gefnogaeth unfrydol ac yng ngolwg llawer ar y pryd, ffolineb noeth oedd meddwl am arloesi gwlad mor anghysbell ac anghroesawgar.

Rhyw bymtheg mlynedd cyn y fordaith i Batagonia, barnwyd mai Brasil fyddai'r lle mwyaf addawol i sefydlu'r wladfa. Mewn adroddiad yn y *Seren Orllewinol*, cylchgrawn misol Bedyddwyr Cymraeg yr Unol Daleithiau, nodwyd bod 'rhandir wedi ei neillduo i'r Cymry yn y rhan hyfrytaf a ffrwythlonaf o'r wlad uchod, ac yn ymyl cyfleusderau mordwyol a marchnad dda. Bwriedir i 300 neu 400 ohonynt fyned drosodd yn fuan . . . '. Dechreuwyd ymweld â'r wlad yn 1851, ac fe ddilynodd nifer ar wahanol adegau, ond erbyn diwedd 1854 gellid gweld mai ofer fu eu hymdrechion. Dywedodd eu harweinydd, T.B. Phillips, i dri pheth fod yn eu herbyn:

> 1.) Fod y lle yn rhy goediog. 2.) Fod gweithio yno yn amharchus yng ngolwg y bobl wynion, gan nad oedd neb ond caethion yn gweithio yno. 3.) Darganfuwyd glo mewn rhanbarth arall o'r wlad, ac aeth y glowyr i gyd yno.

Roeddent yn ceisio arloesi lle o'r enw Rio Grande do Sul sydd, fel yr awgryma'r enw, yn eithafion deheuol Brasil. Roedd nifer o drigolion ardal Nant-y-glo ymysg y rhai a aeth yno; gweinidog brwdfrydig a adwaenid fel Evan Evans Nant-y-glo oedd yn gyfrifol am eu hymfudo. Rhwng deg a phymtheg mlynedd ynghynt profodd yntau weld nifer o'i deulu yn ymadael am Ohio, ac o ganlyniad gwyddai cystal â neb beth a olygai menter o'r fath a pha mor anodd oedd cefnu ar Gymru. Hefyd, oherwydd y cysylltiad teuluol hwn, gellir tybio mai oherwydd yr anturiaeth ym Mrasil y newidiwyd enw cymdogaeth ei berthnasau yn Ohio i 'Rio Grande'. Os nad yw'r fath ddyfalu dros ailenwi eu hardal Gymreigaidd hwy yn hollol gywir, erys y teulu, gyda'u gwreiddiau ym mhentref Daniel Rowlands, Llangeitho, yn enghraifft dda o'r math o gysylltiadau a ganiataodd i Gymry'r bedwaredd ganrif ar bymtheg gofio am ei gilydd ar ddwy ochr yr Iwerydd. Felly roedd egin y syniad o greu gwladfa ym meddyliau cymdogion a pherthnasau yn gynnar iawn. Yn wir, medrir priodoli rhan helaeth o'r trafod gwreiddiol i'r Cymry a oedd eisoes wedi ymgartrefu yn yr Unol Daleithiau.

Yn gynharach yn y bedwaredd ganrif ar bymtheg a chyn ystyried Brasil a Phatagonia, nid anghyffredin oedd clywed am Gymry'n byw hwnt ac yma ar hyd ochr ddwyreiniol yr Unol Daleithiau. Sefydlwyd ganddynt ar ddechrau'r ganrif, os nad ynghynt, gymdogaeth a amgylchynai Utica yng ngogledd Talaith Efrog Newydd. Ar ôl croesi'r Iwerydd yn ddiogel, gellid cyrraedd yno'n gymharol rwydd drwy ddilyn afon Hudson tua'r gogledd o'r prif borthladd ymfudo, sef Efrog Newydd. Dyma atgofion un teithiwr am y rhan hon o'r daith:

> Cychwynasom tuag Utica ar yr afon mewn bad, yn cael ei lusgo gan *tug boat*, a daethom i Troy mewn oddeutu pedair ar hugain o oriau, yna ar hyd y *canal* mewn bad yn cael ei dynnu gan ddau geffyl, a daethom i Utica erbyn un ar ddeg o'r gloch y boreu Sabboth cyntaf yn Gorffennaf, 1831. Yr oedd y Cymry yn eu capelau yn addoli, ond mor fuan ag y cawsant y newydd am ein dyfodiad, daethant i'n cyfarch ac i'n derbyn i'w tai.

Y gamlas dan sylw oedd yr *Erie Canal* a agorwyd chwe blynedd ynghynt er mwyn caniatáu i eraill fynd ymhellach eto tua'r gorllewin. Mae'n debyg i'r tywydd eithafol – ar ben pob ansicrwydd arall – wneud pethau'n anos i'r teithwyr druain. Eto, ar ôl ymgyfarwyddo â'u cynefin newydd, boed hynny yn Utica neu ym mha le bynnag arall yr aethant, mor braf oedd cael gweld o'r diwedd sut y medrai eu gwaith a'u dycnwch arwain at well tro ar fyd.

Yn fuan ar ôl sefydlu yn Utica, ffurfiwyd gwahanol ardaloedd Cymreig yn Ohio, gan gynnwys y Rio Grande y cyfeiriwyd ato eisoes. I'r rhai a ddymunai fynd i'r rhan yma, tueddid i hwylio am Philadelphia yn hytrach nag Efrog Newydd ac oddi yno gellid llogi wagen i gludo'u heiddo dri chan milltir tuag at Pittsburg. Yna, mewn cychod na welwyd mo'u symlach, dilynid rhediad afon Ohio i'r gorllewin am bellter cyffelyb i'r hyn y byddent wedi ei deithio o Philadelphia. I'r sawl a ddymunai fynd yn fwy gogleddol yn Ohio, daeth cyfle i gysylltu â'u cyd-wladwyr yn Utica wrth iddynt ddirwyn eu ffordd at lannau deheuol llyn Erie. Ymhen amser, a phan nad oedd ond tir 'ail law' drud ar gael yn Ohio, fe'u gorfodwyd i fwrw'u golwg ymhellach fyth oddi wrth yr arfordir. Yn y blynyddoedd a arweiniai at ganol y ganrif, Wisconsin oedd y lle i fynd iddo, ac yn ôl D. Humphrey a ymfudodd i ardal chwareli y dalaith ddwyreinol o Vermont, bu enw Wisconsin ar dafodau llawer yng Nghymru:

> Da y cofiwn pan eto ond bachgenyn am y siarad mawr yng Nghymru am ddyffryn anferth y Mississippi, a'r awydd mawr a feddai y bobl am fyned yno, yn enwedig i diriogaeth Wisconsin. Ifan Sion o'r Hen Siop druan, hen greadur na fu erioed nemawr fwy na deg rhwd o'i gartref, a ddywedai dan wenu yn awyddus, 'Mi fysswn ina' yn leicio mynd i'r Wunsunconsun hwnnw'.

Yn ei thro profodd hithau o fendith i luoedd o Gymry:

> Oes, censail mai Wisconsin – wyr ydyw
> Baradwys Orllewin;
> A daear hardd, dŵr a hin,
> Aniesor, a mwn iesin.

Os mai dyna'r sefyllfa yn 1846, nid felly'r oedd hi erbyn 1851: 'Mae tir y llywodraeth ar y prif ffyrdd wedi ei werthu gan mwyaf . . . ' Er iddynt ddal i fynd i Wisconsin, gan ymsefydlu efallai ar diroedd llai dymunol, nid y fan honno oedd y brif atynfa ar droad ail hanner y bedwaredd ganrif ar bymtheg. Y drefn hyd at ganol y ganrif oedd ymgartrefu, orau y medrent, yn unedau bychain ar ochr ddwyreiniol y cyfandir, a'r unedau hynny ar wasgar ac ymhell oddi wrth ei gilydd. Er bod llawer o'r ardaloedd mor Gymreigaidd ag unrhyw le yng Nghymru, sylweddolwyd yn raddol na fedrai'r fath sefyllfa barhau ac mai rhywbeth dros dro ydoedd. Yn ogystal â'r broydd amaethyddol y soniwyd amdanynt, roedd ardaloedd diwydiannol ym Mhennsylvania hefyd, gyda glowyr a gweithwyr yn llafurio yn y melinau dur. Yr hyn a ddylanwadai arnynt hwy, a gwanhau eu cymdeithas, oedd y cymysgedd o bobl o bob cenedl a ddôi i fyw'n gyson yn eu mysg. Oherwydd nifer o ffactorau felly daeth awydd cynyddol ar y Cymry i aros gyda'i gilydd, a phen draw yr awydd hwn oedd yr amheuaeth a fyddent yn well eu byd o ymneilltuo bron yn gyfan gwbl. Er mai troi am Batagonia fu'r canlyniad yn y diwedd, bu cryn drafod, gyda sawl ymgais i wella'r sefyllfa yn yr Unol Daleithiau yn y cyfamser. Dyma'r testun sy'n dwyn ein sylw yn y gyfrol hon, sef y trafodaethau a ragflaenodd y penderfyniad i ymsefydlu ym Mhatagonia, a'r ymdrechion i greu rhywbeth mwy boddhaol i'r gorllewin o afon Mississippi.

Y Weledigaeth Newydd

Wrth wraidd y trafod roedd llythyr a gyhoeddwyd yng Ngorffennaf 1848 yng nghylchgrawn yr Annibynwyr, *Y Cenhadwr Americanaidd*. Ei destun oedd *Cymru Newydd* a'r awdur oedd gweinidog o'r enw Morris Roberts a oedd wedi ymgartrefu yng nghyffiniau Utica. Nodir y pwnc trafod yn yr is-bennawd: 'Neu fwriad i gael sefydlfa newydd eang o Gymry yn America'. Yna manyla'r awdur ar yr hyn a ystyriai'n angenrheidiol os oeddynt i barhau'n Gymry ar y cyfandir:

> Oni fyddai cyrraedd hyn yn ddymunol . . . cael gafael mewn dosran o ddaear dda, oddi yma i'r Môr Tawelog, i genedl y Cymry i gydwladychu, lle cadwent eu hiaith . . . heb fod mewn tlodi a than y fath orthrwm ag y maent yng Nghymru . . . gallai fod y fath randir yn Wisconsin, Iowa, neu ryw diriogaeth tu yma i'r Mynyddoedd Creigiog, ac os na ellir ei gael yno . . . yn Oregon a Chaliffornia . . . .

Dyna'r weledigaeth tua chanol y bedwaredd ganrif ar bymtheg a'r tebyg yw fod y llythyr uchod yn gymaint o fan cychwyn ag unrhyw beth ar gyfer yr holl drafodaethau a oedd i ddilyn. Yn ogystal â'r awydd hwn i gadw'u Cymreictod, roedd dyhead gan y Cymry alltud i gynorthwyo'u brodyr a'u chwiorydd llai ffodus yn ôl yng Nghymru. 1,186,697 oedd poblogaeth Cymru bryd hynny (1851) ac ni fyddai fawr mwy – dim ond cynnydd o ryw 125,000 – erbyn y degawd dilynol pan benderfynwyd mynd i Batagonia. Dywed Morris Roberts mai bwriad ei lythyr oedd cyffroi eraill i gyfrannu sylwadau pellach ac wrth eu hannog i wneud hynny mae'n enwi rhai o Gymry blaenllaw Cincinnati. Un ohonynt oedd Michael D. Jones sydd â'i enw wedi'i gysylltu'n agos iawn â Phatagonia. Yn ei dro daeth yntau'n gefnogwr selog i'r syniad:

> . . . cymaint yn fwy cartrefol y teimlai Cymry eu hunain pe caent gan lywodraeth Prydain roddi gwlad iddynt i wladychu yn ymyl ei gilydd, a chael cyfreithiau yn eu hiaith eu hunain, a chymaint yn rhwyddach y gellid dwyn yn mlaen lenoriaeth a chrefydd . . .

Er bod Michael D. Jones yn rhagweld dyfodol disglair i'r Unol Daleithiau, ni chredai mai mewn rhyw ran yn unig ohoni y dylid ymsefydlu ond yn hytrach mewn gwlad gyfagos iddi a oedd dal dan reolaeth Prydain:

> Mae y rhan Frydeinaidd o Oregon heb ei gwladychu eto, er fod Prydain yn paratoi at hyn, drwy adeiladu amddiffynfeydd &c. . . . Nid ydyw mor bell oddiwrth Prydain ag Awstralia. Y mae miloedd o

Americaniaid wedi sefydlu yn agos, ac mae yn debyg y bydd cledrffordd yn cael ei gwneud gan y Taleithiau o fôr Iwerydd, hyd at y môr Tawelog. Y mae yno le cyfleus i adeiladu porthladdoedd, a chario masnach yn mlaen . . . Barnwyf mai dyma y fan i gael gwladychfa Gymreig . . .

Yn 1846 fe gydnabu Prydain mai i'r Unol Daleithiau y perthynai Oregon, ac felly mae'n debyg mai'r lle a oedd gan Michael D. Jones mewn golwg oedd y tir i'r gogledd o Oregon, sef y tir a gâi ei alw'n *British Columbia* yn ddiweddarach – diolch i awgrym y Frenhines Victoria.

Yn fuan ar ôl cyhoeddi'r llythyr uchod derbyniwyd llythyr arall oddi wrth Michael D. Jones. Y tro hwn mae'n annog Cymry'r wlad i gefnogi'n ariannol ymfudiad arall. Deil yn gefnogol i'w syniad cynharach ynglŷn ag Oregon ond yr hyn sy'n mynd â'i fryd y tro hwn yw'r gefnogaeth a ystyriai mor angenrheidol i ryddhau eraill o'r gorthrwm hwnnw y bu'n rhaid iddynt hwythau ei ddioddef ar un adeg. Atgoffodd hwy fod:

> cannoedd heb wybod ar ôl cael un pryd prin o fwyd gwael, yn mha le y cânt y pryd nesaf . . . Mor ddideimlad ydyw y mawrion, fel y maent . . . yn awr yn rhwystro i'r tlodion ddal pysgod yn unrhyw fath . . . Yr oedd amryw (gynt) yn gallu cael cymorth fel hyn i borthi eu plant . . . Gallwn enwi 30 neu 40 o deuluoedd mewn amgylchiadau cyffelyb i'r rhai uchod yn mhlwyf bychan Llanuwchlyn . . .

Yn yr un flwyddyn (1848) derbyniwyd trydydd llythyr ganddo (defnyddiai'r ffugenw *Dan o Benllyn*) a'r tro hwn mae'n ymdrin â'r angen iddynt gadw'n glòs at ei gilydd:

> . . . ond y mae y Cymry, ar ôl eu tiriad yn yr America, yn gosod arnynt eu hunain beth tebyg i'r hyn a osodwyd ar yr Iddewon fel cosb . . . fel y ceir rhai ohonynt yma thraw yn wasgaredig ar hyd bron bob rhan o Ogledd America . . . Er mwyn ein cysur a'n llwyddiant a'n defnyddioldeb, byddwn o un meddwl am Wisconsin fel lle i rai a allo ymfudo i fyned iddo. Boed hon yn Gâl i ni, fel Llydaw i'r Prydeiniaid gynt . . .

Sylwer ei fod wedi troi ei sylw oddi wrth Oregon ac at Wisconsin erbyn hyn. Er bod y wlad honno'n llawer haws i'w chyrraedd, fel y dywedwyd eisoes, roedd cyflymdra'r ymsefydlu yno'n broblem ac ni ellid disgwyl cael fawr o dir heb fynd ati i'w hawlio'n fuan iawn.

Er pwysiced cyfraniad Michael D. Jones, nid ganddo ef yn unig y daeth sylwadau. Ym mis Ionawr 1851, yn y *Cenhadwr Americanaidd* unwaith eto, clywyd am ragoriaethau y gwir Oregon:

> Tebygir nad oes un wlad dan haul yn estyn anogaethau mwy dengar i ymfudwyr nag y mae Oregon yn eu cynnig yn bresennol. Mae cynnig y llywodraeth i roi 320 erwau o dir i bob gŵr a gwraig a ymfudo ac a sefydlo yn y wlad newydd honno, cyn y cyntaf o Ragfyr 1853, yn demtasiwn lled gryf i un dyn, yn enwedig pan y mae pob ymfudwr at ei ryddid i gymryd ei ddewis ei hunan o'r tiroedd breision hynny . . .

Dilynwyd yr awgrymiadau hyn gan gyfieithiad o adroddiad Cynrychiolydd y Diriogaeth (er ei bod yn rhan o'r Unol Daleithiau, ni ystyriwyd Oregon yn dalaith tan 1859). Yna, tuag at ddiwedd yr adroddiad ffeithiol, ymhola'r *Cenhadwr* ymhellach:

> Paham na châi y Cymry gyfran o'r wlad fras a'r tir rhad yma gystal â rhyw genedl arall? Os yw y Wladychfa Gymreig y soniwyd cymaint amdani yn y wlad hon a'r hen wlad, i fyned ymlaen, tybiwn yn awr yw yr adeg, ac mai Oregon yw y fan.

* * *

Y Wladychfa Gymraeg

Cyfiawnder yr amser sydd agos â gwawrio,
  I blant y caethiwed gael dyfod yn rhydd,
O'r tynion gadwynau a'u daliodd am oesau,
  Mewn ingoedd byd angau, ond gwawriodd y dydd.

Nid erys hil Gomer yn hwy mewn caethiwed,
  I borthi'r asynod a'r llewod y sy
Yn difa cysuron, a lladd y trigolion;
  Heb neb yn tosturio na gwrando eu cri.

Mae gallu gorseddol y deyrnas gyfunol,
  'N elynol yn erbyn ein cenedl a'n hiaith;
Yn fuan diddymir ni'n llwyr o fodolaeth
  'D oes neb yn tosturio, mae'n cenedl yn gaeth.

Mae'r difrod sydd arnom fel cenedl trwy'r oesau,
  Yn galw yn uchel am gilio ymhell;
Lle byddwn ddiogel heb neb yn enllibio,
  Na llewod yn rhuo, mewn lloches na chell.

Dim rhagor o frwydro â'r Saeson,
  O Hwlffordd i Henffordd hir fad,
O Fôn i deg Fynwy ni welir
  Blant gwragedd yn gorwedd 'n eu gwa'd;
A'r dwrn brad ar ein brodyr ni welir,
  Hwy giliant i Gymry fwy hardd
Na'r un y maent ynddi'n bresennol;
  Lle bu y derwyddion a'r bardd.

Cawn yno dros oesoedd diderfyn,
  Gydseinio yn beraidd yr aeg;
Nes dadsain gororau pob dyffryn,
  A moli ein Nêr yn Gymraeg;
Pryd hynny, gwneir tystio geirwiredd
  Hen gyngor Taliesin mewn rhan;
Y ceidw plant Gomer eu hieithwedd
  A'u crefydd a ddaliant i'r lan.

Nicolas Davies
Newark, Ohio, 1859

Tu Draw i Afon Mississippi

Er mor awyddus oedd *Y Cenhadwr Americanaidd* i weld y Cymry'n manteisio ar yr hyn a ymddangosai'n gyfle ardderchog yn Oregon, roedd yn rhaid ystyried nid yn unig bellter y daith ond y draul aruthrol o fynd yno. Sylweddolir hyn o fwrw golwg dros adroddiad Cynrychiolydd y Diriogaeth lle mae'n trafod, ymysg pethau eraill, dair ffordd hollol wahanol o deithio:

> Un heibio i Benrhyn Horn – amser chwe mis o New York; un arall ar draws gwddf tir Panama – amser rhwng 40 a 45 o ddyddiau o New York; a'r drydedd ar draws y tir – amser o'r Missouri ymlaen, rhwng dau a hanner a phum mis. Y gost o deithio o amgylch Deheudir America yw rhwng $200 a $300 i bob oedolyn. Wrth fynd dros wddf y tir y mae dau bris, y naill tua $550, a'r llall $300. Os dewisir y llwybr dros y tir (h.y., ar draws y wlad) dylai'r ymfudwyr fod yn un o'r lleoedd canlynol, sef Independence neu St. Joseph yn Missouri, neu Kanesville yn Iowa, yn barod i gychwyn mor gynnar yn y gwanwyn ag y byddo'r glaswellt wedi tyfu digon i'r anifeiliaid ei bori, sef rhwng y cyntaf o Ebrill a'r cyntaf o Fai. Gellir cymryd gwedd o ychain, o fulod neu geffylau. Dylid trafaelu'n finteioedd o amgylch ugain o wagenni. Pryned pob dyn o dair gwedd o ychain, cymered gydag ef ddigon o ymborth i bara ei holl daith, a hefyd baratoi ar gyfer damweiniau ac angen, a gwneud ei lwyth mor ysgafn ag y byddo modd, ac yna brysied ymlaen. Mae y gost yn ddibynnol ar y pellter rhwng y lle y cychwynnir ohono ac afon Missouri. Oddi yno ymlaen gallwn gyfrif y draul – $525.

O gofio mai dim ond ychydig bunnoedd yn unig oedd pris croesi Môr Iwerydd bryd hynny, mae'r fath draul nid yn unig yn ymddangos yn afresymol ond hefyd ymhell y tu hwnt i'r hyn y gallai'r ymfudwr cyffredin ddychmygu ei dalu. Er hynny, pe penderfynai'r teithiwr ar y ffordd olaf, byddai ganddo yn ei feddiant wagen gwerth $100, casgen Americanaidd gwerth $150 (holl bwysig ar gyfer cario dŵr), ac yna'r ychen hynny na fyddai wedi trigo cyn pen y daith.

I'r Cymry hynny a oedd eisoes wedi ymgartrefu ar y cyfandir, nid Oregon oedd y lle mwyaf synhwyrol i'w ystyried, ond yn hytrach y wlad gymharol agos y tu draw i afon Mississippi, gyda'r addewid am 'feysydd digoed' (y *prairie*), a gwlad y medrid ei chyrraedd heb orfod teithio hyd at eithafion y cyfandir. Cyn 1803 a chyn cyfnod gweledigaeth arbennig Jefferson, ni pherthynai'r rhanbarthau hyn i'r Unol Daleithiau. Er bod traddodiad o alw'i weithred ef yn 'Bryniant Louisiana', mae'r wlad y bodlonodd Ffrainc ei gwerthu yn llawer helaethach na'r dalaith bresennol o'r un enw. Ar groesi afon Mississippi, neu 'Tad y Dyfroedd', o Wisconsin, lle cartrefai'r mwyaf gorllewinol o'r Cymry, deuid at Minnesota (1858) ac yna Iowa i'r de (1846) a Missouri (1821). Cyfeiria'r dyddiadau at yr adeg pan ddaethant yn daleithiau cyflawn o'r *Undeb* a rhyngddynt hwythau a'r Mynyddoedd Creigiog roedd y Dakotas (1889), Nebraska (1867) a Kansas (1861). Dyma'r 'gorllewin' y clywyd cymaint amdano erbyn 1855:

> Mae yna *brairie* hardd
> Fel tonnau gwyrdd y môr,
> Rhyw baradwysawl ardd
> Yw'n gorllewinol stôr,
> A thegwch bro llanerchau'r llawr
> Yw *prairie* y Gorllewin mawr.

Yn gynharach yn y ganrif nid anarferol oedd clywed am Gymry'n dirwyn eu ffordd i dde Ohio trwy ddilyn afon Ohio i gyfeiriad y gorllewin. Ar ôl dadlwytho'r wagenni ym Mhittsburg gosodid y cyfan o'u heiddo ar gychod bychain, ac yna ar berygl bywyd, dibynnent ar lifeiriant yr afon i'w cario hyd at derfyn y daith. A therfyn y daith oedd naill ai cyffiniau Cincinnati, lle'r aeth llawer un o Lanbryn-mair, neu ychydig yn fyr o'r lle hwnnw gyda'r holl luoedd o sir Aberteifi. Erbyn 1851 roedd un ohonynt yn fwy na pharod i ganlyn yr afon ymhellach fyth i'r gorllewin:

> . . . ar ôl aros rai dyddiau yn Cincinnati yn mhlith fy nghyd genedl euthum i ffwrdd mewn agerddfad ar afon Ohio tua St. Louis. Mewn oddeutu ugain o oriau cyrhaeddasom Louisville, Kentucky, yr hon sydd yn dref fawr. Yn ymyl hon mae cwymp mawr ar yr afon, yr hyn sydd yn peri i'r agerddfad pan fyddo y dŵr yn isel i fyned drwy y gamlas . . . Mae yn ddywediad cyffredin ar rannau uchaf afon Ohio, nad oes tu isaf i'r cwymp na chrefydd, Sabboth, deddf nac efengyl. Yr ydym yn awr wedi myned tu hwnt i derfynau gwareidd-dra . . .

Nid ymgais i fyw dan y fath amgylchiadau oedd ei fwriad, ond i ymuno â'r Cymry cyntaf oll i ymgartrefu y tu draw i afon Mississippi:

> Nid oes fawr wahaniaeth rhwng y naill fan i'r llall i dynnu sylw, o wddf afon Ohio i St. Louis; tir isel, corsiog, heb gyffwrdd ag ef â llaw amaethyddiaeth y rhan fwyaf o hon, sydd yn cyfansoddi glannau 'Tad y Dyfroedd', oddi eithr pan mae ei lif lleidiog yn ymchwyddo tu hwnt i'w faintioli arferol ac yn rhedeg am filltiroedd dros y

swampydd yn ôl at y bryniau . . . Nid oes yr un dref yn werth ei henwi o afon Ohio i St. Louis . . . Cyrhaeddais o'r diwedd i dalaith Iowa, at y Cymry sydd yn preswylio ar Old Man's Creek . . . Mae cyfleusterau mawrion yma mewn ystyr tymhorol. Nid oes eisiau arloesi y tir; gellir gwneud cymaint o dyddyn yma mewn dwy flynedd, ag a ellir mewn tir coediog mewn ugain o flynyddau; ac nid oes boncyffion na gwreiddiau yn rhwystr i'w drin. Mae digon o dir hefyd i'w gael am un dolar a chwarter yr erw. Mae y farchnad hefyd yn dra chyfleus; gellir gwerthu pob math o gynnyrch yn Iowa City, llai na chwech milltir o ffordd . . .

Gan y byddai llwyddiant mor ddibynnol ar ddewis lleoliad priodol, cynghorodd gŵr o'r enw Wm. Hughes yn Illinois sut i fynd ati i sicrhau'r tiroedd mwyaf manteisiol:

> Amaethyddion wedi bod yn trin y tir yn America chwech neu saith mlynedd o leiaf, ac wedi cael prawf o hinsoddau a natur tir mewn gwahanol barthau, a ddylent gael eu hawdurdodi i edrych allan am dir i'r Cymry.

Dyna oedd ei awgrym yn 1851, ond hyd yn oed wrth ddewis tir a edrychai'n addawol i bob pwrpas, nid oedd yr un sicrwydd dros fedru ennill bywiolaeth gyson o'r un flwyddyn i'r llall. Er mor drwyadl fu'r ymchwilio ymlaen llaw, cafwyd anawsterau na ragwelwyd mohonynt, a heb gnydau i'w gwerthu yn y farchnad, anodd iawn oedd dal ati nes dod at haf o lawnder: 'Llawer maes indrawn a blanwyd ac a adblanwyd, ac yn y diwedd a roddid i fyny i'r adar a'r trychfilod . . . ' Ac roedd y *prairie fires* lle ymledai'r tân drwy'r porfeydd uchel gyda chyflymdra rhyfeddol yn fygythiad arall. Adroddwyd am ddau Gymro a amgylchynwyd gan dân heb iddynt sylweddoli hynny, ac er iddynt hwy a'u ceffylau gael eu llosgi'n enbyd, buont fyw drwy'r cyfan. Ar ben popeth arall tueddai'r tywydd i fod yn fwy eithafol na thywydd y dwyrain, gydag 'ystormydd o genllysg dinystriol, y rhai a wnaethant gryn alanasdra i'r cnydau'. Ym Minnesota, lle ffurfiwyd sefydliad arall, clywid am 'genllysg gymaint â wyau ieir' ond i un ferch fach yn Kansas profodd y fath gawodydd yn fendith – fe gasglodd y cenllysg er mwyn rhewi hufen iâ! Tebyg bod cyfrol Hugh ap Jones, *Cyfarwyddiadau i Amaethu yn y Gorllewin,* wedi agor llygaid llawer i'r fath gyfnewidiadau.

I ymwelydd o Gymru peth arall oedd darganfod ble yn union yr oedd 'Y West':

> Yn Nhalaethiau New York a Pennsylvania sariedid am bobl Ohio, gannoedd o filltiroedd ymhellach, fel rhai yn byw yn y *West*. Erbyn

dyfod i Ohio dywedid y byddai raid i un fyned drwy dalaethau Indiana ac Illinois i Wisconsin, gannoedd o filltiroedd ymhellach, i gael golwg ar y *West*. I Wisconsin yr euthum. Ond beth wyddai pobl Wisconsin am y *West?* Nid yno yr oedd. Siaradent hwy lawer amdano, a chan gyfeirio eu bysedd tua chyfeiriad yr afon fawr Mississippi, dywedent ei fod ers blynyddoedd lawer wedi croesi honno . . .

* * *

Galaru ger yr afon

(Cyfansoddwyd y gân hon ar lan afon Mississippi, pan oedd yr awdur newydd dderbyn y newydd o Gymru am farwolaeth ei fam, yn nghyda thri o frodyr.)

Calon doredig! calon doredig!
Yw'r galon sy'n curo fy mron;
Curo! curo mae o hyd –
Curo blwyddyn ar ei hyd –
Curo megys curiadau y don.

Hiraeth am Gymru, hiraeth am Gymru,
Ymrolia i'r fynwes brudd hon;
Taraw bardd a bloesgni wnaeth –
Gollwng ato farwol saeth,
Wrth ysbeilio holl geraint fy mron.

Alltud o Walia, alltud o Walia,
Yn mhell o sŵn telyn fy ngwlad;
Er fod mwyniant pur a llawn
Yn ogleisiol i fy nawn,
Fy awen a gollodd fwynhad.

Yn fy mreuddwydion, yn fy mreuddwydion,
'Rwyf weithiau'n cael trem ar y tir –
Gweled hen gyfeillion mad,
Gwel'd gorweddfa'm mam a'm tad,
Sydd yn llwytho fy mynwes â chur.

O! na chawn aden, O! na chawn aden,
Rhyw angel i groesi y don;
    Croeswn adre' bob rhyw nawn,
    A dychwelyd eilwaith wnawn,
Felly treuliwn fy nyddiau yn llon.

    Cleddwch fi yma, cleddwch fi yma,
Mewn coedwig yn mhell o fy ngwlad;
    Peidiwch nodi man fy medd,
    Fel y caffwyf berffaith hedd,
Tra yn aros i'r bythol fwynhad.

Morddal Evans
c. 1873

Minnesota

Ceir hanes taith agerfad arall ar afon Mississippi yn 1853. Y tro hwn roedd y teithiwr, D.C. Evans, yn byw yn eithafion gorllewinol Wisconsin, mewn tref o'r enw La Crosse a oedd ar lan yr afon a rhyw 150 milltir ymhellach i'r gogledd na phen y daith y soniwyd amdani wrth ddilyn yr afon i Iowa. Er i D.C. Evans orffen ei daith bron yn union i'r gorllewin o'r lle y cychwynnodd, dechreuodd ar ei siwrnai drwy deithio i fyny'r Mississippi – a lifai ar y pryd nid yn gymaint o'r gogledd ond o'r gogledd-orllewin. Unwaith y cyrhaeddodd St. Paul, lle ymuna afon Minnesota ag afon Mississippi (nid nepell o Minneapolis heddiw), medrai droi i ganlyn yr afon tua'r de-orllewin. Sibrydion y cyfnod am brydferthwch Dyffryn y Minnesota a roddodd iddo'r awydd i deithio. Wedi dilyn yr afon o St. Paul am ryw 80 milltir daeth at fan a ymddangosai iddo fel y lle prydferthaf o ddigon. Llifai'r afon o'r gogledd-orllewin at y lle hwnnw, a chan ei fod ar ei throad mwyaf deheuol, penderfynwyd galw'r ardal yn South Bend. Oherwydd ei frwdfrydedd llwyddodd i ddylanwadu ar eraill i'w ddilyn a chreu sefydliad o faint sylweddol.

O'r 1840au ymlaen cyhoeddwyd amrywiaeth o fân lyfrau a geisiai ymgynghori'r ymfudwyr ac er i'r cynharaf ohonynt ragflaenu cyfnod arloesi'r gorllewin, rhoddid sylw i'r rhanbarthau hyn erbyn i *Hyfforddwr yr Ymfudwr* gael ei gyhoeddi yn Ninbych yn 1866. Mae'r disgrifiad o dir Iowa yn sgil yr ymgartrefu gwreiddiol y tu draw i afon Mississippi yn debyg i'r disgrifiadau o'r tiroedd a ganfuwyd yn gyffredinol:

> Gweirglodd-dir agored a geir yma, gan mwyaf, a hwnnw yn rhedeg yn fân fryniau graddol, fel wyneb y môr, yn dra chyfleus i'w amaethu, a'r pridd yn dywyll dwfn, cyfoethog ryfeddol, lle y tyf pob ydau a ffrwythydd yn doreithiog iawn.

Serch hynny, mae'r rhai a aeth i Minnesota yn sôn, nid am weir-diroedd agored, ond am orfod gwaredu coed, rhywbeth na dynnwyd sylw ato yn yr *Hyfforddwr* yn y disgrifiad canlynol:

> Y mae Minnesota ynghanol gogleddbarth America, ac yn debyg o ran arwyneb y tir, i Iowa neu Wisconsin, ond ei bod yn meddu mwy o amrywiaeth a phrydferthwch. Y mae ynddi fwy o fryniau, dyffrynnoedd, llynnoedd, ffrydiau, rhaiadrau, a chornentydd trystfawr, yn ymryson rhedeg dros ei llethrau a rhwng ei cherryg. Ceir yma ddigonedd o ddyfroedd grisialaidd ym mhob gwr, i ddiwallu dyn ac anifail.

Dyma ansawdd y wlad y byddent yn ei hwynebu, gyda thir na welodd ei bori erioed – heblaw gan greaduriaid gwyllt – a daear na fu torri cwys ynddi cyn hynny. Nid dod yma'n uniongyrchol o Gymru a wnaeth y mwyafrif ond symud ar ôl iddynt fyw am gyfnod mewn cymdogaeth Gymreigaidd arall. Byddent wedi treulio blynyddoedd naill ai yn Wisconsin neu yn Ohio a chael cyfle i ymgyfarwyddo â bywyd y cyfandir. Ond fe brofodd dieithrwch Minnesota yn agoriad llygad iddynt hwythau hyd yn oed:

Porai'r buchod gyda'r ceirw
Yn hamddenol yn y coed,
Roedd y wlad yn llawn bwystfilod,
Ni fu gwylltach lle erioed . . .

Un o hynodion Minnesota, yn ôl y sôn, yw fod ganddi ddeg mil o lynnoedd. Mae felly'n dalaith enfawr i'w cynnwys oll, gydag arwynebedd sy'n ymestyn dros gymaint â phedwar ugain mil o filltiroedd sgwâr. Eto ni fu'r un cwr ohoni mor bwysig i'r Cymry â'r ardal o amgylch South Bend. Yn ogystal â phrydferthwch y llynnoedd ceir rhaeadrau'r Minneopa ac er mai tegwch gwlad yn hytrach nag unrhyw ragoriaeth amaethyddol oedd yr atyniad gwreiddiol, nid hynny a bwysleisid wrth geisio denu sylw eraill at yr ardal. Yn hyn o beth chwaraewyd rhan flaenllaw gan un arall o La Crosse, sef y Parchedig Richard Davies, ac mewn llythyr i'r *Cyfaill* ar ddechrau 1855 nododd:

> . . . y mae yno gyflawnder gwlad o dir rhagorol . . . gellir sicrhau 160 erwau o dir trwy hawlio a byw ar y lle, a thalu amdano pan ddaw i'r farchnad . . . Nid fy amcan ydyw dywedyd llawer am ragoriaethau South Bend . . . ond am i chwi ddyfod i weld y lle, a barnu drostoch eich hunain . . .

Gan fod D.C. Evans eisoes wedi symud yno fe gynghorodd y darllenwyr i gysylltu'n uniongyrchol ag ef. Yn ei dro cyhoeddodd yntau *Byr Olwg ar Minnesota* sy'n llyfr prin iawn erbyn hyn. Yn y gyfrol mae'n datgan ei fod yntau'n gadarnhaol i'r eithaf. Wedi'r cyfan, nid oedd Cymro drwy'r holl orllewin a gyfaddefai iddo ddewis tir nad oedd y tir gorau dan haul!

Er i D.C. Evans gael ei swyno gan ardal South Bend yn 1853, ni chafwyd sôn bod rhyw lawer wedi teithio yno tan 1855, pan gyrhaeddodd o leiaf bymtheg teulu. Yn yr un flwyddyn, ac yn ychwanegol atynt hwy, aeth nifer cyffelyb a benderfynodd ymsefydlu ychydig i'r gorllewin mewn lle o'r enw Judson. Gan aros i'r de o afon Minnesota, parhawyd i fynd i'r gorllewin ac erbyn 1857 adroddwyd bod tiroedd Cottonwood, sydd ychydig ymhellach eto, yn llanw'n gyflym. Yn y parthau hyn hefyd y ceid yr ardal a enwid yn Cambria. Yna, ymhellach o'r afon ac i'r de o Cottonwood roedd Butternut Valley, ac yna, wrth gylchu'n ôl tuag at South Bend roedd Lake Crystal. Fe welid ffermydd y Cymry ar hyd glannau'r afon am bellter o rhwng ugain a phump ar hugain o filltiroedd a'r tirwedd a gâi ei drin yn gwneud cylch o ryw ddau gant o filltiroedd sgwâr. Yr unig ardaloedd a ddatblygodd yn ddigon canolog i gael eu hystyried yn bentrefi o faint oedd South Bend ei hun a Lake Crystal i'r de-orllewin. Gorweddai'r lle olaf hwn rhwng dau lyn hyfryd ac yn ddiweddarach daeth yn fangre i lawer o Gymry Chicago ymddeol iddo.

Un o'r pethau anarferol ynghylch poblogi'r cylch oedd bod cynifer o Gardis de Ohio, 121 ohonynt i gyd, wedi penderfynu ymuno'n un fintai i gyd-deithio i fyny afon Mississippi. Dylanwadwyd arnynt hwy, fel yn achos llawer o rai eraill, gan y Parchedig Richard Davies o La Crosse, a chan iddo yntau unwaith ofalu am gapel gerllaw, gwyddent y gellid ymddiried ynddo. Gadawsant eu cartrefi ar Ebrill 14eg, 1856 a thrannoeth, yn Cincinnati, cymryd bad a oedd i'w cludo cyn belled â St. Paul. Talwyd $20 yr un am fynd i lawr afon Ohio hyd at afon Mississippi ac yna i fyny honno nes cyrraedd St. Paul. Cyrhaeddwyd yno ar y 9fed o Fai ac wedi talu $6 yn ychwanegol am fad llai ar afon Minnesota roeddent yn South Bend erbyn yr 17eg o Fai. Penderfynodd y mwyafrif ymgartrefu yn ardal Cottonwood gan symud yno yn ystod pythefnos gyntaf Mehefin. Ond o ble bynnag y daethant, y gorchwyl angenrheidiol cyntaf oedd codi tŷ cyffion (fel y câi'r *log cabin* ei alw gan Gymry America), a hynny cyn dechrau meddwl am drin y tir:

> Wedi cymryd *claims* adeiledid tŷ, yr hwn yn gyffredin fyddai o un ystafell, a hynny yn nghanol y coed, heb na llwybr na ffordd i unman. Llifid y coed i hyd priodol, yna holltid hwy yn ddau, wedi hynny llyfnheid un arwyneb iddynt gyda bwyell, a dodid hwy ochr yn ochr i ffurfio y llawr. Gwneid y to trwy hollti *clap-boards*. Gwneid y lle tân yn un pen i'r tŷ. Y simddai a wneid o goed wedi eu hollti yn dair neu bedair modfedd o led a modfedd o drwch, ac o ddwy i dair troedfedd o hyd. Dodid hwy ar ei gilydd yn bedair ochr, gan eu bwbio o fewn a mwd. Gan nad oedd byrddau yn y wlad i wneud drysau, defnyddid y *quilt* i'r amcan hwnnw. Yn nesaf clirid y tir, er ei gymwyso i godi cynaliaeth, yr hyn oedd waith caled ac araf yn nghanol coed tewion . . .

Yn nisgrifiadau'r ambell ymwelydd canfyddir sut y bu i'r cylch ddatblygu a chyfiawnhau eu holl aberthion gwreiddiol. Yn 1858, ac o fewn ychydig flynyddoedd i ddechrau'r ymsefydlu, edrychai'r sefyllfa'n hynod o addawol:

> Mae'r dref (South Bend) yn sefyll ar dwyn iachus a phrydferth ar blygiad mwyaf deheuol afon Minnesota, yr hon sydd yn fordwyol amryw fisoedd y flwyddyn. Ac y mae yn fanteisiol iawn o ran ei sefyllfa fasnachol – afon y Blue Earth o un tu iddi – Minnesota o'r tu arall – a chorff o wlad ffarmio eang a phrydferth am ugeiniau o filltiroedd . . . Mae ganddynt ffermydd pert iawn bob un ohonynt, a llewyrch iachus a chysurus arnynt oll gyda phethau'r bywyd hwn. A hefyd, mae ymdrech yn cael ei wneud dros y Gwaredwr bendigedig yn eu plith. Mae'r brodyr, y T.C., yn codi Tŷ Cwrdd yn y Cotton Wood, a chanddynt weinidog perthynol iddynt yn llafurio yn eu plith. Yn yr ardal honno y mae y Parch Jenkin Jenkins yn byw . . . mae ganddo ffarm dda rhagorol . . .

Yna, yn ôl ymwelydd arall bedair blynedd yn ddiweddarach yn 1862, clywir bod y rhagolygon, os rhywbeth, yn well nag erioed:

> Y mae yn South Bend Gymro parchus yn cadw masnachdy. Y mae yma hefyd siopau, gofiaid, a melin flawd. Yn Judson, pentref ar lan yr afon, mae melin flawd, un lifio, a *Post Office* . . . Wyth milltir yn uwch y mae melin lifio. Y mae holl fantais yr afon i'w gael gan Gymry y sefydliadau hyn. Yr oedd chwech o agerlestri yn tramwyo arni y gwanwyn diweddaf . . . Dyma le cewch fferm yn eiddo i chwi eich hunain mewn ychydig flynyddoedd . . . Nid wyf yn bwriadu perswadio neb i fyned yno . . . ond dweud yr wyf fel y cefais i bethau pan yno . . .

Ac yno i gadw llygad arnynt erbyn hyn yr oedd wyth o weinidogion.

Gweler isod ran o bryddest fuddugol D. James Price (ap Dewi) mewn eisteddfod daleithiol a gynhaliwyd flynyddoedd yn ddiweddarach yn Minneapolis. Rhyw drigain milltir i'r de o'r ddinas ymleda afon Mississippi i'r hyn a elwir yn llyn Pepin ac yno ar Orffennaf y 13eg, 1890, suddodd llong fechan o'r enw *Sea Wing* wrth fynd â theithwyr ar daith hamdden. Er i'r gerdd gadw ar gof ddarn o hanes lleol, mae iddi bwysigrwydd ar wahân i hynny – erys yn enghraifft o waith un a aned, nid yng Nghymru, ond yn yr Unol Daleithiau ei hun. Daethai ei rieni o Lan-non, Ceredigion, gyda'i dad, David Price, wedi ei eni yno yn 1827 a'i fam, Mary Jones, yn 1830. Ymfudodd y ddau yn 1849 a ganed eu mab y flwyddyn olynol a hwythau erbyn hynny yn Ohio. Symudodd y teulu i Minnesota yn rhan o'r fintai honno yn 1856 a chartrefu ym mhen pellaf tiroedd yr ymfudwyr yn Cambria.

* * *

Trychineb Llyn Pepin

(Sef drylliad yr agerfad *Sea Wing*, Gorff. 13, 1890.
Rhan o gerdd fuddugol Eisteddfod Daleithiol Minnesota.)

O! risialog lyn twyllodrus,
Mor gynyrfus yw dy fron!
Nid yw'r wên ond gwên fradwrus;
Llawn cynddaredd yw dy don.
Heddiw'n huno mewn dystawrwydd,
Fel y baban yn ei gryd;
Gwisgo ardeb diniweidrwydd;
Ond dichellgar wyt i gyd.

Beth yw'r waedd oedd ddoe yn tramwy?
O! 'r wylofain glywid draw;
Sŵn dinystriol erch ryferthwy
Groch ddyruai ar bob llaw.
Gorwyllt drem y dig elfennau,
Yrrai fraw i bob rhyw fron;
Dygwyd torf i'w cynnar feddau
Gan y wyllt gynyrfus don.

Dedwydd oedd y teithwyr hylon;
Rhodient fwrdd y *Sea Wing* fad
Heb ofidiau na gofalon,
Llawen yfent lon fwynhad.
Tybient gael pleserdaith hyfryd
Ar y llyn heb boen na braw;
Mynd am ennyd a dychwelyd
I'w cartrefi teg gerllaw.

Wedi glanio ger Lake City,
Ymddifyrent hyd y lan
Dan gysgodion y gwyrddlwyni,
Dringent ben y bryniau ban;
Ceinion natur a'i holl degwch
Ymagorai ger eu bron;
Panorama o brydferthwch,
Oedd y fad blesordaith hon.

Wedi ymbleseru'n hyfryd,
Hyd y teg rodfeydd am dro;
Daeth yr adeg ar fer ennyd
I ddychwelyd tua'u bro.
O! annhirion daith angeuol!
Gado'r lan heb boen na chlwy';
Glanio yn y byd tragwyddol
Gyda'u gilydd wnaethant hwy.

O'r gorwel draw daeth cwmwl du brawychus,
Dialedd ddawnsiai yn ei wedd gynyrfus,
Bygythiol wae o'i fynwes yn ymferwi,
A'i fron yn llawn dofnyddiau dwfn drieni,
Ymledu'n chwai wnai'r anfad froch ryferthwy;
Cynddeiriog oedd ei orwyllt drem ofnadwy;
Cymylau'n gwau, melltenawg dân yn fflamio;
Yr wybren oll wasgarai ofnadwyaeth . . .

O waelod du y cwmwl rhuthrai'r troellwynt,
A'r llyn ddychlamodd dan ddyrnodiau'r corwynt;
Y dyfroedd gwyllt ymferwent i'w gwaelodion,
A'r *Sea Wing* fad ymroliai ar y wendon.
Y morwyr dewr ymdrechent droi am noddfa,
A'r gwgus li adheriai eu diangfa;
Ni thyciai nerth yr ager a'r peiriannau;
Eu gwatwar wnai y broch gynddeiriog donnau;
Eu curo'n ôl a wnai y moryn diffaith;
Y rhodau dur chwyrnellent yn ddieffaith . . .

Cyflymai'r bad i fan y du drychineb,
Ac angeu oedd yn rhythu yn mhob gwyneb;
Cyfodai'r gwynt i guro'n fwy ofnadwy;
Cryfhau a wnai ergydion y rhyferthwy;
A'r bad a'i lwyth ddymchwelwyd ar y tonnau!
A'r llef am byth ddystawodd yn yr angau!
Y wancus don ymferwai'n dew o feirwon!
Pum ugain aeth ar lam i fro'r marwolion!
Y llyn a gauodd arnynt gedyrn ddorau,
Ac uwch eu bedd nid oes ond hagr donnau!
O ganol eu llawenydd a'u mwynderau
Y dygwyd hwy'n ddirybudd i dir angau!

D. James Price (ap Dewi)

Rhesymu Pellach

Tua'r un amser â'r arloesi ym Minnesota roedd rhai Cymry wedi dechrau cloddio am aur yng Nghaliffornia. Gwrthodent dderbyn mai gwanhau nes diflannu fyddai eu tynged fel cenedl ac mewn datganiad a fedrai ysbrydoli'r mwyaf digalon, cynigiwyd Patagonia fel lle y medrid mynd iddo a dal i fod yn Gymry:

> Ion. 18fed, 1856 ymgynullodd i'r addoldy Cymreig yn Camptonville, Ca., luaws o anturiaethus blant Gomer, yn llawn teimlad aiddgar dros lywydd a dyrchafiad eu hannwyl Genedl, a'u dyben i drafod a chwilio allan y drefn oreu, a'r dull mwyaf priodol, er codi hil y Brython i'w Sefyllfa gysefin, a'u gosod yn anrhydeddus yn mhlith eraill o Genedloedd y ddaear . . . Penderfynwyd fod y Gymdeithas hon yn cynnig i sylw y genedl y wlad eang yn Neau America, adnabyddus dan yr enw *PATAGONIA*, fel lle cyfleus a manteisiol i Gymry wladychu ynddi.

Ni fu'n hir cyn i'w hawgrym ddod yn destun trafod yn ôl yng Nghymru'i hun ac fe geir cofnod y tu allan i Gapel Engedi, Caernarfon, am y drafodaeth gyntaf ar y pwnc: 'Mewn ystafell yn y capel hwn, yn 1856, y trafodwyd gyntaf yng Nghymru y syniad o Wladfa Gymreig ym Mhatagonia'.

Camptonville oedd un o'r canolfannau mynyddig a ddaeth i amlygrwydd yng nghyfnod aur Califfornia; un o'r lleoedd olaf y gellid disgwyl i rai ymgynnull fel rhyw lywodraeth alltud a chytuno ar gynllun a fyddai'n rhoi gobaith newydd i lawer yng Nghymru. Y farn gyffredin am y *'49ers'* oedd nad oedd fawr i'w gymeradwyo rhwng y cyfan ohonynt ac ymhlith y pethau a glywid amdanynt gellir derbyn bod elfen gref o wirionedd yn yr hyn a ysgrifennwyd gan Gymro o Nevada City yn 1851:

> Drwg gennyf ddweud fod llawer yn ymollwng i demtasiynau wedi dyfod i'r wlad yma, rhai ag oeddynt yn aelodau heirdd mewn eglwysi pan gartref, ond yma yn afradloniaidd; rhai pan gartref, oeddynt yn pregethu yr efengyl, ond yma yn ymborth yn mhlith y moch a'r cibau.

Fodd bynnag, derbyniodd eu hawgrym sylw eang. Ni fu raid aros am y rhifyn nesaf o gylchgrawn Methodistiaid y wlad, *Y Cyfaill*, cyn i'r gwrthwynebiad ddechrau. Tua dwsin o dudalennau ar ôl eu datganiad ceir sylwadau llai na chefnogol gan un a alwai ei hun yn *Northyn*: 'Mae gennyf bedwar o resymau, o leiaf, yn erbyn ymuno â hi,' meddai. Ni chredai fod y Cymry 'yn ddigon galluog o barth nifer personau a gallu ariannol i sefyll rhyfel, er cadw meddiant o'r lle mabwysiedig' nac 'yn alluadwy i feddu cymaint â thalaith o'r Taleithiau Unedig wrthym ein hunain, heb sôn am fynd i fan y byddwn yn agored i holl alluoedd rhyfelgar y byd'. Y peth gorau yn ei dyb ef oedd parhau i ddod i'r Unol Daleithiau ei hun, 'am na welais seiliau credadwy fod y lle crybwylliedig yn gystal ag eiddo y Taleithiau Unedig' a chan fod 'digonedd o dir o'r fath a fynnir ger y sefydliadau Cymreig sydd eisoes wedi dechrau . . . Minnesota, Iowa, Kansas &'. Serch hynny, mynegodd eraill eu parodrwydd i ymsefydlu ym mha le bynnag y cytunid arno.

Cyfeiriwyd eisoes at ba mor anwaraidd y medrai bywyd fod yn y meysydd aur ac efallai mai'r awyrgylch rhyddfrydol hwnnw a'u harweiniodd at ddewis lle mor anturus â Phatagonia. Ond er mor fedrus y gallent fod wrth ganlyn yr aur, nid dyna'r ddealltwriaeth yr oedd ei hangen wrth ddewis lle i'w arloesi. Tra ymfodlonai'r Cymry hyn ar fyw o ddydd i ddydd ar obeithion, roedd nifer o Gymry eraill yn magu profiad o arloesi rhywle neu'i gilydd a hynny dan amgylchiadau llawer mwy ffafriol nag y gellid gobeithio amdanynt ym Mhatagonia. Hyd yn oed wrth feddiannu'r gorau o'r tiroedd yn yr Unol Daleithiau, bu raid wynebu cyfnodau o galedi ac mae'r pennill isod, sy'n dyddio o 1857, yn brawf o ba mor anodd y medrai bywyd fod i'r Cymry, a hynny heb fynd ymhellach na lle fel Kansas:

Frodyr, gwyddom eich caledi
Yn y pell orllewin draw;
Daeth i'n clyw eich cri a'ch gweddi,
O'ch pabelloedd yma a thraw.
Trwy hir fisoedd haf a gaua',
Cawsom ni ein diddos dai; –
Chwithau'n llwm a gwag eich cylla,
'N cysgu ar y gwellt a'r clai . . .

Er nad oes fawr i gadarnhau'r hyn a awgrymir yn y pennill, mae un adroddiad yn rhoi lle i gredu bod capeli'r wlad wedi gorfod casglu ar eu cyfer. Pan awgrymwyd enw Patagonia gyntaf, nid anarferol oedd clywed am eraill mewn sefyllfa gyffelyb. Flwyddyn ar ôl yr helbulon yn Kansas clywyd am Gymry oedd bron mor wael eu cyflwr yng nghanolbarth Iowa:

> Y flwyddyn honno niweidiwyd y gwenith gan y gwres mawr. Ni amcenid codi fawr ddim arall, a chan fod arian pawb bron wedi darfod, bu yn amser caled mewn gwirionedd. Dywed Mr Jones iddo

ef nofio ei ychain dros afon Iowa pan oedd yn uchel, a myned bymtheg milltir i'r gogledd i gael wyth can pwys o beilliad, ac iddo rannu ei hanner rhwng ei gymydogion cyn cyrraedd adref. Wedi hynny bu yn cael llai ar y tro, ac yn ei geisio hyd nos er mwyn ei gadw yn eiddo ei hun. Y pryd hwnnw nid oedd marchnad i gynnyrch y ddaear yn nes na McGregor ar y Mississippi, pellter o tua 85 milltir. Bu llawer hen sefydlwr yn myned yno gyda'i lwyth gwenith, ei gwerthu am bris bychan, ac yn dyfod adref mewn dyled.

Ar ôl blwyddyn o'r fath byddai cael haf o ysguboriau orlawn yn hanfodol, ond er mor anodd yr oedd pethau ar adegau yn yr Unol Daleithiau, ni welwyd dim i'w gymharu â dioddefaint y rhai a aeth i Brasil. Roedd John R. Jenkins a ymgartrefodd yn Nhalaith Jersey Newydd wedi cadw cysylltiad â rhai ohonynt ers ei ddyddiau yn Nant-y-glo ac yn 1857 anfonodd rai sylwadau ynghylch eu tynged i'r *Drych*: 'Yr oedd Cymru a'r Taleithiau Unedig yn rhy bell iddynt ddychwelid, yr holl arian wedi eu treulio yn yr anturiaeth; gofyn i'r Braziliaid am waith, ymfudrwydd oedd hynny am eu bod yn caethiwo y dyn du . . . ' Eu hiachawdwriaeth yn y diwedd oedd y grefft a ddysgwyd iddynt yng Nghymru, sef torri glo, a hynny 'tua 200 o filltiroedd o'r Wladychfa, enw y lle yw Costa do Ario dos Rattos, h.y. The Vales of the River of Rats'. Ond er iddynt ddod i ben â chynnal eu hunain, bu'n ofnadwy o dorcalonnus arnynt yno:

> Yn nechrau mis Chwefror, 1856, digwyddodd amgylchiad galarus i ddau o blant y Cymry, trwy i wreichionen o dân ddisgyn i faril oedd yn cynnwys tua 32 pwys o bylor yn siop y gof . . . bu'r cyntaf farw yn mhen pedair awr, a'r llall yn mhen 10 awr . . .

Er cynddrwg yr ambell gyfnod o galedi yn yr Unol Daleithiau ei hun, byddai'r ymfudwyr 'nôl ar eu traed yn fuan iawn. Edrychai'r cyfan yn foddhaol i John A. Jones a ysgrifennodd o Foreston ger Lime Springs, Iowa, yn 1865:

> Mae cnydau ardderchog yng ngogledd Iowa a deheudir Minnesota. Bûm yn Winona ar lan y Mississippi yr wythnos ddiweddaf – yr ydoedd y caeau gwenith bob ochr i'r ffyrdd fel tonnau'r môr. Yr ydoedd dywediad y Salmydd yn dyfod i fy meddwl yn barhais *Coroni'r ydwyt y flwyddyn â'th ddaioni* . . .

Gwelai hefyd fod cyfle i eraill eu hefelychu:

> Mae'r tir yn fras a chnydfawr ac yn weddol rhad . . . Byddwn rhwng dwy ffordd haearn yn fuan . . . Yn awr ydyw'r amser i gael tir rhad o

fewn cyfleustra i'r farchnad. Gwell ydyw peidio myned yn bell iawn oddi wrth y Mississippi, oherwydd *tad y dyfroedd* fydd prif gynyrchfa yr Unol Daleithiau yn y dyfodol . . . oddi wrthym ni ond 50 *miles* ar linell uniongyrchol.

Ychwanegodd bennill i bwysleisio'r bendithion:

Dewch Gymry oll o'r bron
Sefydlwch ar y llannerch hon
Cewch eich gwala o ffrwythau'r wlad
A medi o'r bendithion mad.

Yn nes fyth i afon Mississippi yr oedd Long Creek a chystal oedd amgylchiadau'r Cymry yno yn y 1890au nes iddynt benderfynu adnewyddu eu ffermydd:

Prysyrdeb a nodwedda amaethwyr yr Aber Hir y dyddiau hyn – maent oll wedi dechrau llafurio yr indrawn . . . profion llwyddiant sydd i'w canfod ar bob llaw . . . Denis Thomas, Lewis Evans, D.G. Lewis, Hugh Hughes a W.L. Arthur wedi codi ysguboriau mawrion . . .

Gellir dychmygu hefyd i lawer ohonynt fwynhau'r adloniant a drefnwyd adeg Dydd Gŵyl Dewi 1893 gan Mrs John, athrawes y *Tonic Sol-fa Class*:

Hen *leader* iawn yw'r lodes – ei *style* hi
    Ystalwm nis gweles;
  O'i Soh, Fah, Lah ces awff o les,
  A mwyniant pur i'm mynwes.

Er i'r mwyafrif lwyddo yn y pen draw, nid peth rhwydd oedd ymsefydlu mewn ardal newydd ac i gymhlethu'u hymdrechion ymhellach mewn llawer man, roedd rhai a gymerai dir i'w berchnogi heb unrhyw fwriad o aros arno'n barhaol. Deallent fod rhai fel y Cymry am gadw ynghyd fel cymdogaeth a'u gobaith oedd ailwerthu iddynt am brisiau afresymol. Dyna'r sefyllfa yn South Bend pan gyrhaeddodd y fintai honno o Ohio:

Yr oedd yma heidiau o hen fechgyn gweddwon wedi claimo, pa rai oeddynt yn byw fel moch yn eu tylcau budron . . . wedi clywed am ein dyfodiad, ac yna rhoddasant o'n blaen i godi twlc mochyn er dal hawl ar y tir gan feddwl cael gwerthu eu hawl i ni . . .

Oherwydd yr anfodlonrwydd ynghylch hyn penderfynodd rhai o'r teuluoedd ymadael a mynd ymhellach i'r gogledd i dref o'r enw La Seur, lle gellid cael tir o hyd am bris rhesymol. Nid oedd y sefyllfa hon yn un anghyffredin ac fe wynebwyd yr un trafferthion yn Iowa:

> Y Cymro cyntaf i ymsefydlu yma oedd Richard W. Jones yn Meh., 1856. Yr adeg honno yr oedd yr holl dir yn eiddo y llywodraeth; ond erbyn yr Hydref yr oedd bron i gyd wedi ei gymryd fyny, a chabanau ar hyd y *prairie* yn mhob man.

Y prif rwystr serch hynny oedd yr hen ddull anhrefnus o ymsefydlu yma a thraw, gan adael llawer ardal heb ddigon i gyfiawnhau codi mwy na chapel neu ddau. Heb fentro allan ond o Iowa yn unig medrid canfod Cymry mewn nifer o fannau gwasgaredig. Eisoes clywid am y daith ar afon Mississippi i Old Man Creek yn 1851. Nid yr ardal hon oedd dan sylw pan soniwyd am y cabanau 'ar hyd y *prairie* yn mhob man' ond yr ardal o amgylch Lime Springs sy'n ffinio â Minnesota. Yna, gyda'r Long Creek ar bwys afon Mississippi, ac er bod modd dewis rhwng Salem y Methodistiaid a Seion yr Annibynwyr, ni fu poblogaeth y Cymry fwy na rhyw dri chant ar y mwyaf. O droi i'r gorllewin o brifddinas wreiddiol y dalaith, sef Iowa City, ac i Old Man Creek oddeutu chwe milltir i ffwrdd, deuir at Welsh Prairie sydd ymhellach wedyn o ddeuddeg milltir ac yna Williamsburgh sydd naw milltir arall oddi yno. Mewn ardal gwaith glo yn y dalaith roedd un a fethai ennill bywoliaeth ar ôl iddo fod mewn damwain, sef Owen C. Roberts, a'r peth gorau y medrai ei wneud er mwyn ei gynnal ei hun oedd cyhoeddi casgliad o farddoniaeth yn y gobaith o dderbyn cyfraniad o ddoler y tro amdano! Enw'r gyfrol oedd *Odlau Pererin* ac ohoni daw rhan agoriadol y bryddest i Samson a welir isod. Ar wahân i ardal Lime Springs, capel neu ddau yn unig fu'r hanes a'r rheiny oll yn brawf o'r gwasgaru dinistriol.

Rhwng popeth, ac yn enwedig am mai gwanllyd ar y gorau oedd y gefnogaeth dros fynd i Batagonia, dechreuwyd meddwl am ffurfio cwmnïau tirol oddi mewn i'r Unol Daleithiau ei hun. Trefnwyd pedwar ohonynt o leiaf – un yn Missouri, dau yn Kansas ac un yn yr ardal a oedd yn Diriogaeth Washington o hyd bryd hynny. Yn gyfrifol am ddau o'r cwmnïau hyn yr oedd J. Mather Jones sydd â'i enw'n gysylltiedig â'r *Drych*. Golygodd y papur yn 1864 pan aeth J. William Jones y perchennog i dalu ymweliad â Chymru. Yna, yn y flwyddyn ganlynol, prynodd y papur oddi wrth J. William Jones.

* * *

Rhan agoriadol y bryddest ar Samson

Aeth Samson ryw ddiwrnod i waered i Gazah,
Yr hon oedd yn un o brif drefi Philistia,
Ac yno canfyddodd buteinwraig brydweddol,
Ac a aeth i mewn at y feinir ddeniadol.
Y newydd ymsaethodd fel mellten trwy'r ddinas,
Fod Samson i mewn, 'r hwn wnaeth gymaint galanas
Yn Ascalon, Timnath, ac hefyd yn Lehi,
A llawer man arall rhy aml idd eu henwi.
Y Gaziaid dd'wedasant, 'Trwy'r nos y cynllwynwn,
Yfori ben bore y gelyn a laddwn;
Nis gall fyned allan, mae'r pyrth yn rhy gryfion,
Diogel o'r diwedd yw'r adyn, myn Dagon.'
Hyd hanner nos Samson yn dawel orweddodd,
Ond ar yr awr honno efe a gyfododd,
Ac aeth at y porth rhag ei flaen yn ddigyffro,
Nid oedd yno hanes am neb i'w lofruddio,
Na hanes am undyn i agor y drysau,
Er mwyn iddo fyned tu allan i'r muriau;
Y Gaziaid digalon ni fedrent wroldeb,
Pan glywsant e'n dyfod, i sefyll 'n ei wyneb;
Ciliasant o'r neilldu mewn dychryn i lechu,
Hwy wnaethant yn hynod o gall o ran hynny.
Yn nrysau y porth a'r ddau bost fe ymaflodd,
Ac ar ei ysgwyddau efe a'u gosododd;
Ac aeth â hwy felly i fyny'n hawdd ddigon
I gopa rhyw fryn sydd gyferbyn â Hebron.
Wrth weled ei gryfder edrychai y Gaziaid
Y naill ar y llall, llygadrythent fel ffyliaid;
Roedd cymysg deimlau o ddychryn a siomiant
Yn mron a'u dyrysu o herwydd aflwyddiant;
Hwy feient eu gilydd nes aeth yn ymrafael,
Na buasent yn rhuthro ar unwaith i afael
Yn Samson pan wel'sant e'n dod mor ddigyffro,
Y buasent fel hynny yn llwyddo i'w rwymo.
'Wel peidiwch,' medd un, 'a chymryd eich siomi,
Ai ni chlywsoch ganwaith ei hanes yn Lehi,
Pan laddodd ef fil gyda dim ond gen asyn,
A'r miloedd ddiangodd o'i ffordd yn eu dychryn;

A'r ban a gymerodd i ganlyn y drysau,
Lladdasai a hwnnw, rwy'n credu, filiynau.
Yn lle ymrafaelio, dewch annwyl gyfeillion,
Rhybuddiwn bob enaid i alw ar Dagon,
Ac erfyn ei nawdd a'i wastadol amddifyn,
Rhag ofn i ni syrthio'n ysglyfaeth i'r gelyn;
Nid ydyw ein muriau a'n drysau, mae'n amlwg,
Un gronyn amgenach na niwl yn ei olwg.'
Cytunodd y cyfan mai hynny f'ai ddoethaf,
Mai dyna'r ffordd oreu i fyw yn ddoethaf.
Peth hawdd oedd ymostwng a galw ar Dagon,
Ond hollol amhosibl oedd dal a lladd Samson.

Owen C. Roberts
Odlau Pererin

Map sy'n dangos rhai o'r taleithiau i'r gorllewin o afon Mississippi.

Cwch stêm afon Mississippi – y Moses McLellan, *tua 1860.*

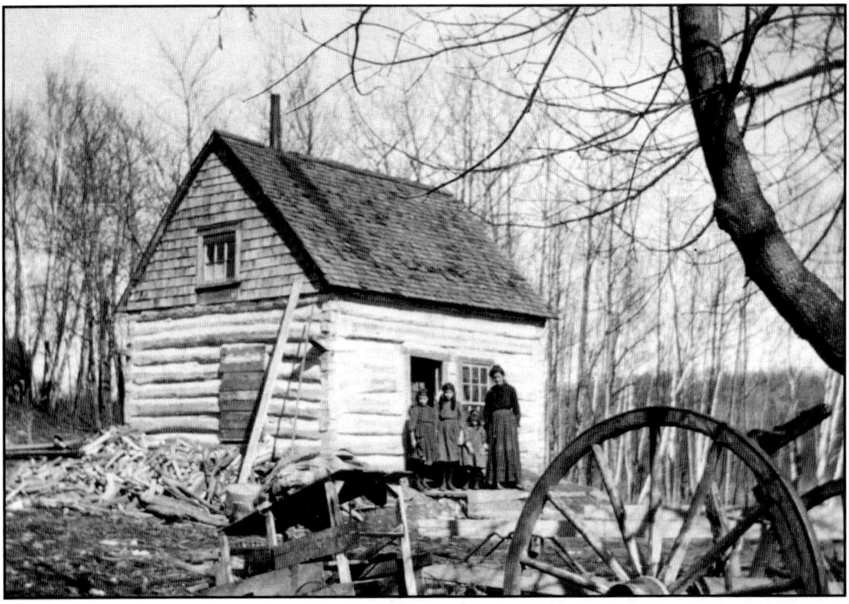

'Tŷ cyffion' – fel yr arferid galw bwthyn o foncyffion coed gan y Cymry – yn ardal yr Ysgol Sul Genhadol Gymreig, Otter Tail, Minnesota. Er i'r llun gael ei dynnu tua 1910, digwyddiad oedd hi fod neb yn byw ynddo erbyn hynny.

Diwrnod dyrnu yn ardal Blue Earth, Minnesota, tua 1890.

Golygfa banoramaidd o lyn Pepin, rhan o afon Mississippi o Chimney Bluff, 25 Awst, 1904.

CWMNI Y PLANO, CHICAGO,

WILLIAM H. JONES, LLYWYDD.

LIGHT RUNNING PLANO HARVESTERS AND BINDERS!

OLL YN DDUR.

JONES' CHAIN DRIVE AND NEW PLANO MOWERS.

Y Peirianau Goraf yn y Farchnad!

Y Rhai Mwyaf Parhaol, Ysgafn a Rhwydd i'w Gweithio, a'r Perffeithiaf yn eu Gwaith.

Y Symudiad a elwir "Chain Drive" ar ein Medelyddion a'n Rhwymyddion a'r Jones Mowers' yn llwyddiant digyffelyb. Pob blwyddyn yn dangos cynydd yn y gwerthiadau, a mwy o gyfleusderau gan hyny yn angenrheidiol i gyfarfod a'r galwad. Archwiliwch ein Peirianau yn ofalus, a bydd i'w teilyngdod eich cymell i'w prynu.

THE PLANO MANUFACTURING COMPANY, CHICAGO, ILL.

TALAETH KANSAS,

EI THIROEDD A'I HADNODDAU.

ARVONIA,

SEF

SEFYDLIAD CYMREIG

YN SIR OSAGE,

YN CYNWYS CAN MIL O ERWAU O DIR:

Manteision Anghydmarol i Amaethwyr.

TIROEDD BREISION

AM BRISIAU ISEL.

GWLAD HYFRYD, A HINSAWDD IACHUS.

ARVONIA:
OSAGE COUNTY, KANSAS.
1869.

GOLYGFA ODDIAMGYLCH FFARMDY YN KANSAS YN 1869.

Blaenddalen llyfr sy'n cynnwys manylion am sefydliad Arvonia, Kansas.

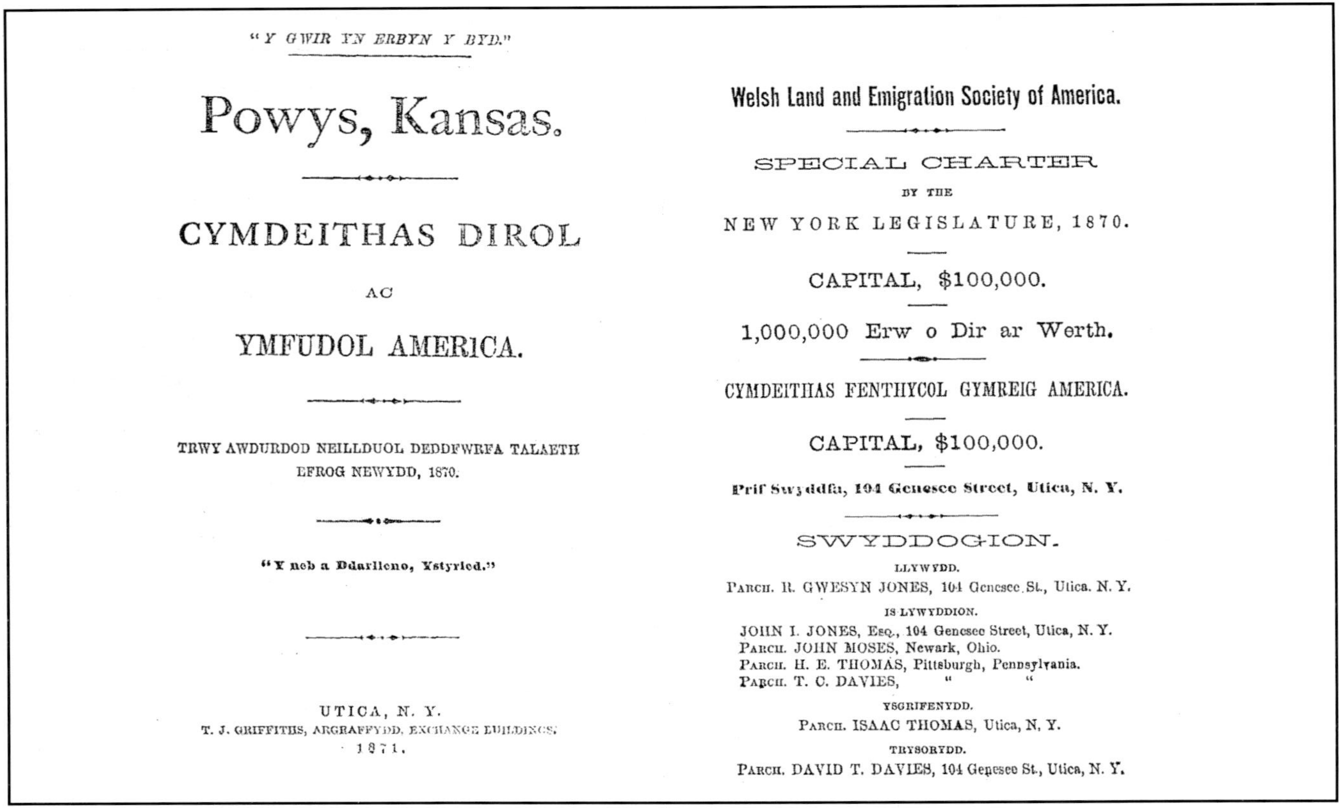

"Y GWIR YN ERBYN Y BYD."

Powys, Kansas.

CYMDEITHAS DIROL

AC

YMFUDOL AMERICA.

TRWY AWDURDOD NEILLDUOL DEDDFWRFA TALAETH
EFROG NEWYDD, 1870.

"Y neb a Ddarlleno, Ystyried."

UTICA, N. Y.
T. J. GRIFFITHS, ARGRAFFYDD, EXCHANGE BUILDINGS.
1871.

Welsh Land and Emigration Society of America.

SPECIAL CHARTER

BY THE

NEW YORK LEGISLATURE, 1870.

CAPITAL, $100,000.

1,000,000 Erw o Dir ar Werth.

CYMDEITHAS FENTHYCOL GYMREIG AMERICA.

CAPITAL, $100,000.

Prif Swyddfa, 104 Genesee Street, Utica, N. Y.

SWYDDOGION.

LLYWYDD.

PARCH. R. GWESYN JONES, 104 Genesee St., Utica, N. Y.

IS-LYWYDDION.

JOHN I. JONES, Esq., 104 Genesee Street, Utica, N. Y.
PARCH. JOHN MOSES, Newark, Ohio.
PARCH. H. E. THOMAS, Pittsburgh, Pennsylvania.
PARCH. T. C. DAVIES, " "

YSGRIFENYDD.

PARCH. ISAAC THOMAS, Utica, N. Y.

TRYSORYDD.

PARCH. DAVID T. DAVIES, 104 Genesee St., Utica, N. Y.

Blaenddalen llyfr sy'n cynnwys manylion am sefydliad Powys, Kansas.

EMPORIA, KANSAS, DYDD IAU, AWST 6, 1891.

ERTISERS.

A CIRCULATION ALL UNITED STATES.

and English Newspaper e Country.

elsh newspaper published of NEW YORK. *Its ect makes it accessible and ounds of English speak- in America, as well as parents. It is thus read ial class, who cannot be vernacular. nsing reasonable. Rates*

ddress,

PUBLISHING CO., IA, KANSAS.

nant; David Ellis, Aberystwyth; James Daniel Evans, Llundain; A. J. Grieve, Pembroke Dock; John Thomas Howell, Pencoed, Bridgend; John Robert Jones, Pwllheli; Thomas Edward Jones, Gwrecsam; John Phillips, Newcastle Emlyn; John Thomas Roberts, Llanfachreth, Dolgellau; R. E. Rivers, Llundain; Hugh H. Williams, Machynlleth—oll yn y Dosbarth Blaenaf; a Mr. Rees Jones Hughes, Aberhosan, yn yr Ail Ddosbarth.

WILKESBARRE, Pa., Awst 1.—Cyfeiriad y Parch. W. Ogwenydd Evans yn bresenol yw, 128 Parrish St. Ar ei sefydliad yn ei gartref, nos Fawrth, Gorph. 21, taflwyd ef i syndod dirfawr pan ymosodwyd ar ei dy gan nifer lluosog o chwiorydd da perthynol i'w eglwys gyda basgeidiau mawrion yn orlwythog o anrhegion a thoddion gwerthfawr, yn cynwys pob amrywiaeth fuddiol er croesawu y gweinidog newydd a'i deulu anwyl i'n plith. Wedi meddianu eu hunain yn weddol, diolchodd Mr. a Mrs. Evans yn wresog i'r chwiorydd a phawb fuont mor hynaws a chynorthwyo i ddwyn hyn oddiamgylch. Cafwyd *surprise* yn iawn; diolch am dano.—*Goh.*

MINNEAPOLIS, Minn., Awst 3.—O hen, ieuanc a chanol oed, wedi eu rhybuddio yn ystod y misoedd diweddaf hyn. Mae yma rai Cymry wedi byw yn y ddinas hon am yr haner can mlynedd diweddaf, a thystiant nas gwelsant gymaint o bersonau gwir ddefnyddiol yn cwympo i'r bedd yn ystod saith mis o amser o'r blaen yn Efrog Newydd. Mae eglwys drallodus y Methodistiaid Calfinaidd wedi ei hysbeilio gan y bedd yn ddirfawr. Deg o aelodau yr eglwys hon wedi myned i ffordd yr holl ddaear yn ystod saith mis o amser. Pa beth sydd ar ddyfod? a oes rhyw ddrygedd ar ein goddiweddyd? A ydyw yr hen brophwydoliaeth i gael ei lle eto gyda golwg arnom ni y rhai a adawyd i aros? "Darfu am y cyfiawn, ac nid esyd neb at ei galon: a'r gwyr trugarog a gymerir ymaith, heb neb yn deall mai o flaen drygfyd y cymerir y cyfiawn ymaith." Oriel cerddoriaeth y cysegr sydd wedi ei thlodi yn ddirfawr. Y ddwy gantores a dwy chwaer, Misses M. E. ac Averick Parry, y naill wedi dylyn y llall i'r bedd o ganol eu defnyddioldeb, ac yn ieuainc. Edwin H. Roberts, o Poultney, Vt., gwr ieuanc rhagorol, a fu yn ein mysg am ysbaid yma, yn tori ffigyr fel cerddor ieuanc gobeithiol, ac organydd: torodd ffigyr

NODION O DENVER, COLO.

Brogaod—Cwn—Salwns—Ystorm—Celliogod y Rhedyn—Y Cambrians, &c.

DENVER, Gorph. 31.—Boreu dydd Mawrth syrthiodd cnwd o frogaod yn agos i Platteville, 34 milltir i'r gogledd o Denver.

Pan yn dychwelyd o'r gwaith boreu Mawrth, cafodd W. S. Palliot ei dynu o dan gerbydau yr Union Pacific Ry., nes ei ddarnio mewn modd dychrynllyd. Yr oedd Mr. Palliot yn adnabyddus iawn yn mhlith glofeydd Erie a Denver fel dyn cariadus, ac ymdrechgar o blaid ei fasnach, a bydd yn chwithig iawn gan amryw glywed am ei ddiwedd truenus.

Tra y mae y Police Commissioners yn gwneyd llawer o ddaioni yn nglyn a rheoli y dref gyda llaw gadarn, credwn eu bod yn myned i eithafion yn nglyn ag erlid y tafarnwyr i ormodedd. Chwareu teg i'r salwns, os bydd y perchenogion yn talu am drwyddedau i werthu diodydd, ac yn cario eu masnach yn mlaen yn ddidramgwydd i'r cymydogion, fe oedd y llwyfan yn llawn o fechgyn a gefnethod yn cymeryd rhan yn y gwaith ag a ddylasai gael gwell cefnogaeth oddieithr yr annoethineb yn nglyn a'r ymgais o orfodi Cymry i ddawnsio, yr hon arferiad sydd yn hollol anghyson a'n cymeriad fel cenedl.

Wedi agor y cynygion am y gwaith haiarn ar y State Capitol, cafwyd mai yr iselaf oedd y Stewart Iron Works, Wichita, Kansas. Y pris oedd $15,400.

Cawn fod yr henafgwr anturiaethus, a'r Cymrawd, ex-Governor John Evans, er ei fod bellach yn heneiddio, wedi penderfynu adeiladu palas iddo ei hun a'i deulu yn University Park, ag a fydd yn werth $50,000.

Mae Bwrdd Iechyd y dref wedi hysbysu fod Mrs. Flaherty, 1417 South 12th St. o dan y frech goch. Dyma yr achos cyntaf y gwyddom am dano o'r clefyd poenus hwn.

Bydd y byd enwog Dr. Talmage yn Trinity M.E. heno, pryd y dysgwylir torf enfawr i'w wrando.

Trefnwyd *excursion* ar y Colorado Midland Railway i fyned i Green Mountain Falls—lle prydferth a rhamantus, tua 15 milltir i fyny yn y mynyddoedd o Colorado Springs—dydd Sul nesaf, pan y bydd y pregethwr hyawdl o Brooklyn

ac agos, cofiwch am dan y rhai crefyddol; awn gilydd at orsedd gras, cyflawnom orchymyn eglwys. Hyderwn y ca iad buan i'w gynefinol ie ei deulu anwyl ac eglwy lle. Mae yma lawer o gyflawni i fod er gogonia ysbrydol i lawer o eneid yddol. Mae yr eglwys llawer o eglwysi eraill, y yr hyn a ddylai fod mewr

Mae ysgrifau y Parch. yn cael sylw pur fanwl, barnu yn ol ein teilyngd farnu. Nid ydym yn am eich ysgrifau, Mr. Hughe yn credu yr hen ddywe gwir, goreu ei gelu."—*D.*

SEATTLE, WA

SEATTLE, Gorph. 22.— yma ar y Sound yn mw ardderchog y dyddiau Sul yn tueddu i edrych ar crasboeth; ond eto pan y af y mae awel yn cyfodi

Colomen Columbia, *papur wythnosol a gyhoeddwyd gyntaf yn y 1880au.*

Y Parch Henry Rees, Emporia, Kansas.

Y trên cyntaf dros y grib olaf. Henry Villar, llywydd Northern Pacific Railroad *a'i westeion yn dathlu cwblhau'r rheilffordd yn Gold Creek Montana, 8 Medi, 1883.*

Capel Methodist Cymraeg yn Mankato, Minnesota, tua 1900.

Casglu grawnwin.

"Oes y Byd i'r Iaith Gymraeg."

The Pacific Coast Cambrian Colonization Company.

Gwladfa Gymreig yn cael ei ffurfio yn awr ar diroedd rhad mewn gwlad ragorol yn

WASHINGTON TERRITORY.

BYDD Y LLINELL FAWR

NORTHERN PACIFIC RAILROAD

Yn rhedeg trwodd cyn diwedd yr haf hwn (1883).

J. MEREDITH DAVIES,
Llywydd.

R. JONES,
Ysgrifenydd,
2, New Montgomery Street,
San Francisco,
California, U.S.A.

Hysbyseb am ffurfio Gwladfa Gymreig yn Washington Territory.

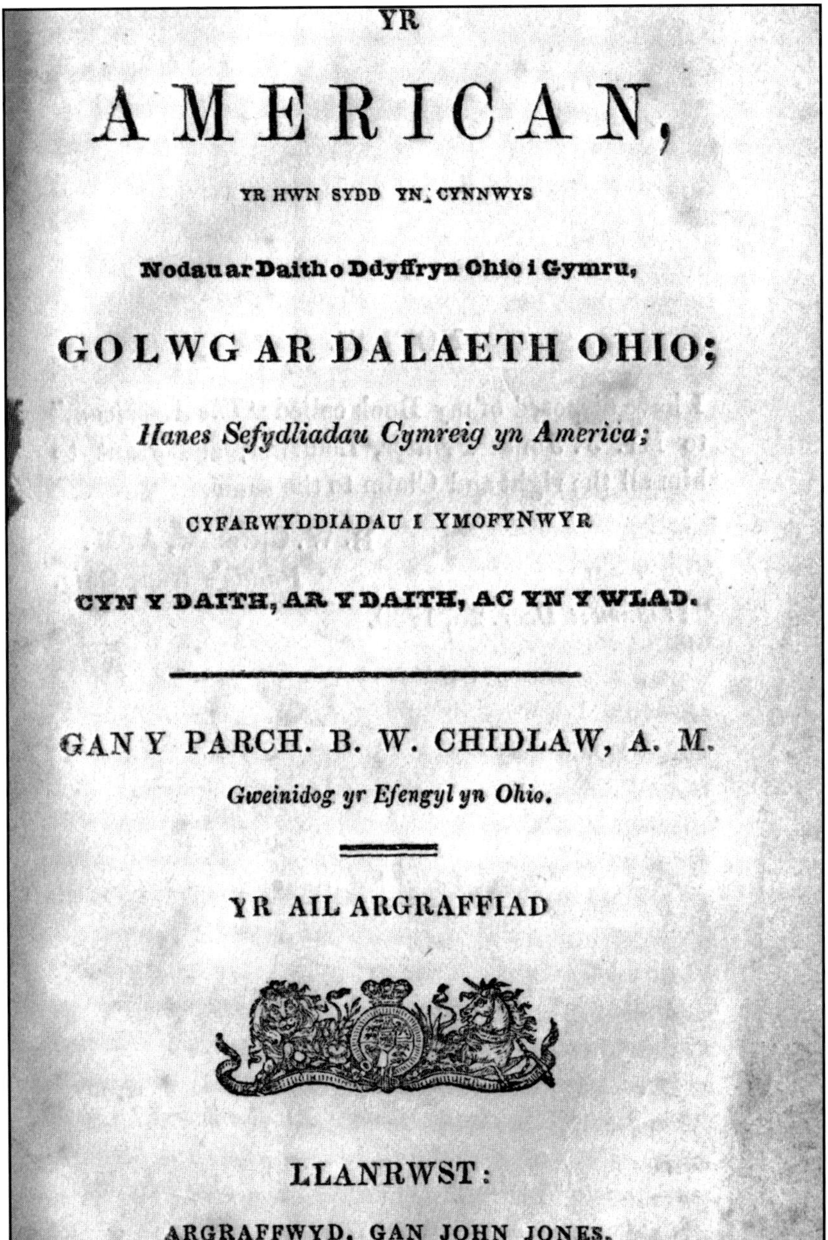

YR

AMERICAN,

YR HWN SYDD YN CYNNWYS

Nodau ar Daith o Ddyffryn Ohio i Gymru,

GOLWG AR DALAETH OHIO;

Hanes Sefydliadau Cymreig yn America;

CYFARWYDDIADAU I YMOFYNWYR

CYN Y DAITH, AR Y DAITH, AC YN Y WLAD.

GAN Y PARCH. B. W. CHIDLAW, A. M.

Gweinidog yr Efengyl yn Ohio.

YR AIL ARGRAFFIAD

LLANRWST:

ARGRAFFWYD, GAN JOHN JONES.

Cyhoeddiad yn Llanrwst fu o gymorth i ymfudwyr o Gymry.

Bala, Kansas tua 1890.

Rhan ddiweddarach o'r Bala a adeiladwyd i fod yn nes at y rheilffordd (tua 1890).

Ffermdy'r Parry's, Bala, Kansas, tua 1910.

Diwrnod dyrnu yn Bala, Kansas, tua 1910.

Peiriant chwynnu indrawn ar ôl yr egin cyntaf. Mae Phil Parry yn y llun, gyda'i chwaer – ef gyfrannodd y lluniau o ardal Bala, Kansas.

Creu teisi gwair gyda llwytwr-taflu-dros-ben.

"Yr Adroddiadur Americanaidd"

WAS PRINTED AND BOUND

AT THE OFFICE OF THE

Scranton Republican,

which is fully prepared, by the aid of its

STEAM-POWER,

to do every description of

LETTER PRESS PRINTING,

in the Welsh and English languages.

Also,

BOOK-BINDING

in every style, by experienced workmen.

F. A. CRANDALL & CO.

Roedd Yr Adroddiadur Americanaidd *yn tystio i weithgarwch y Cymry yn y cyfandir newydd.*

Cadwai'r Cymry at hen draddodiadau.
Cadair Denver, 1896.

Y manylion a gerfiwyd ar
gefn y gadair.

Capel y Cymry, Bala, Kansas.

Missouri

Nid afon Mississippi yw'r unig afon o faint sy'n gysylltiedig â'r dalaith hon ac yn ôl *Hyfforddwr yr Ymfudwyr* 'Y mae yr afon fawr Missouri yn rhedeg trwy y dalaith, ac yn ei rhannu agos yn ei hanner'. Unwaith iddi gyflawni hynny, ac fel yr awgryma englyn Hwfa Môn, ymuna afon Missouri ag afon Mississippi:

Trwy fawredd, gwyllt dryferwi – am y môr
Mae'r fawr Fississippi,
Clyw ddyfngan syfrdan ei si
Yn siarad â Missowri.

Roedd gan yr *Hyfforddwr* ddisgrifiad cryno o'r dalaith hon hefyd:

> Y mae yr adran orllewinol yn lled unffurf yn ei harwynebedd, o ran ei bryniau isel a'i dyffrynnoedd rheolaidd, y rhai nid ydynt yn rhy anwastad i'w amaethu yn hwylus . . . Y mae parthau de-orllewinol y dalaith yn cynnwys y mwynau (yn neillduol y plwm) cyfoethocaf yn y byd; ac y mae y tir, o ran ei ansawdd a'i ffrwythlonrwydd, y mwyaf cyfaddas i amaethyddiaeth . . . Er bod llawer o diroedd mwynawl ym mharthau de-ddwyrain y dalaith yn ymddangos yn ddiwerth, o ddiffyg coed, pridd, &c., eto, y mae llawer o bersonnau a brynasant dir creigiog am swm o chwe cheiniog i swllt yr erw, wedi bod mor ffodus â tharo ar fwynau cyfoethog . . . Pan ddeuir i'r parthau gogleddol, ceir tiroedd uchel, yn cynnwys mân fryniau, yn rhedeg yn rheolaidd yn bantiau a gwrymiau, fel tonnau llyfnion y môr . . . y mae wedi ei gyfaddasu yn dda i ffurfio gwlad amaethyddol o'r fath oreu. Y mae y meusydd agored yn barod i dderbyn yr aradr unrhyw amser; ac mae y coedydd wrthlaw i adeiladu y tai, cau y tir i mewn, &c.

Bu J. Mather Jones a W.B. Jones wrthi'n archwilio'r dalaith cyn i'r *Hyfforddwr* ymddangos yn 1866 ac mewn llythyr wedi'i ddyddio 22 Hydref, 1863 mae W.R. Williams, gweinidog Bedyddwyr Amity St., Efrog Newydd, yn llawn canmoliaeth i'w hymdrechion. Er iddo yntau hefyd fynegi ei amheuaeth ynghylch Patagonia, roedd yn gwbl gefnogol i'w hymgais hwy i ddarganfod lle addas i'w sefydlu:

> Boddiwyd fi yn fawr iawn wrth glywed am y cynllun o gael Trefedigaeth o Gymry i ymsefydlu ar linell Rheilffordd Hannibal a St. Joseph, yn y dalaith honno. Oddi wrth enwau y perchenogion Americanaidd sydd yn annog y Drefedigaeth, ac oddi wrth dystebion y boneddwyr yn y ddinas hon, Meistri J.M. a W.B. Jones, 37 Nassau

> St., y rhai sydd yn cael eu cefnogi yn gynnes gan ddynion y gellir ym mhob modd ddibynnu arnynt, mae gennyf obeithion hyderus y bydd i'r anturiaeth brofi, dan fendith Duw, o fantais neilltuol i'r wlad o'r hon y disgwylir yr ymfudwyr . . .

Cyhoeddwyd y llythyr yn *Y Cyfaill* ac yn ôl adroddiad arall a ymddangosodd yn rhifyn Ionawr 1864, mae'n amlwg fod y cylchgrawn yn awyddus dros ben i weld anheddiad Cymraeg yn rhan ogleddol y dalaith:

> Nid oeddynt yn disgwyl gweled y fath fanteision naturiol, y fath diroedd rhagorol, a chyfleusterau masnachol yn ymyl. Y maent yn awr yn paratoi darluniad o'r tiriogaeth, prisiau tir, a'r telerau esmwyth . . . Am yr anturiaeth i Patagonia, yn hytrach *helfa yr wydd wyllt*, ni bu gennym ddim meddwl boddhaol erioed . . .

Wrth ganmol y naill le, methwyd ag ymgadw rhag beirniadu'r llall. Tuedd Pan Jones yn ei lyfr *Oes a Gwaith Michael D. Jones* oedd gweld bai ar *Y Drych* am suro Cymry'r wlad yn erbyn Patagonia. Yn y dyfyniad uchod gwelir bod *Y Cyfaill* hefyd yn gwbl wrthwynebus a daw'n amlwg felly nad *Y Drych* yn unig a wrthodai gefnogi'r fenter i fynd i Batagonia. Yn ogystal â hynny, honna *Y Cyfaill* bod Michael D. Jones wedi cael gwybod beth oedd safbwynt y cylchgrawn ynghylch Patagonia yn uniongyrchol tra oedd yn ailymweld â'r Unol Daleithiau. Ychydig iawn o Gymry'r wlad a siaradai o blaid mynd i Batagonia – roedd y mwyaf awyddus ym meysydd aur Califfornia. Ar yr 16eg o Awst, 1857 cafwyd ymateb cadarnhaol gan Gymdeithas Drefedigaeth Gymreig Yreka a'r Cylchoedd: 'Penderfynwyd fod rhestr danysgrifio i gael ei chymryd fyny, yn cynnwys addewidion tuag at ddwyn traul ymchwiliad mewn cysylltiad â'r amcan o *Wladychfa Gymreig*'. Ond er i aelodau'r gymdeithas ddangos eu parodrwydd i gyfrannu dros fil a hanner o ddoleri, hwyrach nad oedd gan Patagonia fawr o apêl i'r mwyafrif o Gymry'r wlad.

'Y Drefedigaeth Gymreig yn New Cambria' oedd enw swyddogol y fenter yn Missouri ac erbyn Hydref 1864 darllenwyd am y rhai cyntaf a ymsefydlodd yno:

> . . . cychwynnwyd yr anturiaeth hon yn nechreu y flwyddyn, o dan olygaeth J. M. a W.B. Jones . . . yn agos i Orsaf Stockton . . . rhyw 22 milltir yn orllewinol i Macon . . . Mae gwesty prydferth yn cael ei adeiladu . . . a gweithir ymlaen ar ddau fasnachdy . . . Mae 10 neu 12 o deuluoedd wedi dyfod ar y tir eisoes, a disgwylir rhyw ddau ugain yn ychwaneg yn ddioed gan eu bod eisoes wedi prynu.

Agorwyd swyddfa yn Hannibal i gynorthwyo'r teithwyr ar eu ffordd i'r ardal. Hyd at ryw ddeng mlynedd ynghynt, hon oedd y dref ger afon Mississippi a brofodd yn gymaint o ysbrydoliaeth i Mark Twain. Yma hefyd yr oedd y banc a gytunodd roi *land bonds* i'r cwmni. Cyrhaeddodd deg ar hugain ym mis Medi. Traddodwyd y bregeth gyntaf tua'r adeg yma, a chyn pen y flwyddyn olynol roedd gan y Methodistiaid a'r Annibynwyr weinidog. O blith y teuluoedd a oedd yno yn 1867 lle ceir gwybodaeth am eu cefndir, canfyddir iddynt ddod yn bennaf o Ohio (18 teulu), Pennsylvania (13 teulu) a Wisconsin (12 teulu). Rhyw bedwar teulu yn unig a aeth yno'n uniongyrchol o Gymru. Roedd hynny i'w ddisgwyl, yn enwedig wedi i un arall o'r cwmnïau tirol gyfaddef iddynt gynghori darpar ymsefydlwyr a oedd 'yn brin o arian i beidio myned yn union, fel y bwriadent, i'r Taleithiau Gorllewinol, ond aros i weithio yn y Taleithiau Dwyreiniol nes ennill digon o arian i gychwyn yn gysurus gyda'u ffermydd yn y Gorllewin'.

Waeth beth oedd cefndir y rhai a ymsefydlodd yn New Cambria, ni allent fod wedi dewis lle mwy addawol yn ôl *Y Cenhadwr Americanaidd*:

> Mae y *climate* yn dyner; y gaeaf yn fyr, a'r haf yn iachusol a hyfryd; tiroedd breision, dwfr pur, coed, glo da, calch, clai a thywod yn wasgaredig trwy y tiroedd, y rhan fwyaf o ba rai ydynt *brairies* rholiog, yn barod i'r aradr.

Ac wrth gwrs, fel ag yn ardaloedd eraill y Cymry, bu gan Gymry New Cambria hwythau eu heisteddfodau. Cynhaliwyd un ohonynt ar ddydd Calan, 1870:

> Yr oedd ein haddoldy yn y pentref, er ei fod yr adeilad mwyaf o'i fath yn y lle, wedi ei stwffio mor dyned . . . llwyddwyd i gadw rhai o'r prif wobrwyon yn yr ardal hon. Ond cariwyd amryw gan y Beveriaid er ein gorau i'w trechu . . .

Y 'Beveriaid' oedd y glowyr o Bevier ddeng milltir i ffwrdd. Yno yn 1861 yr agorwyd pwll glo gan Hopkin Evans a aned yn Abertawe. Bu ganddynt gapel er 1866 ac yna, yn 1869, penderfynodd y Methodistiaid ymwahanu a chodi eu capel eu hunain.

Yn 1867 ymwelwyd ag ardal Bevier, yn ogystal â New Cambria, gan H.O. Williams. Yn ôl ei sylwadau fe ymddengys i'r Cymry oll ddod i delerau â'u cynefin newydd:

> Daeth i ran yr ysgrifennydd yn ddiweddar i dalu ymweliad â'r dalaith uchod, ac yn neillduol â'r sefydlfa Cymreig sydd ynddi; a chan ei bod yn cael ei chyflwyno i Gymry y ddwy wlad fel yr addasaf

iddynt ymfudo, er ffurfio cartref leoedd cysurlawn iddynt eu hunain, ac hefyd fel lle y gallant ymgyfoethogi yn fuan ac yn rhwydd, yr oedd fy ymweliad yn dyfod yn ymchwilgar a diddorol. Tybiais mai nid anniddorol gan eich darllenwyr lluosog fyddai rhyw fyr adroddiad o sefyllfa pethau yno . . . Y sefydliad Cymraeg cyntaf a gyfarfyddir yma sydd yn Bevier, yr hwn sydd yn bentref bychan, ond cynyddfawr, tua 70 milltir i'r gorllewin o Hannibal, ar linell yr Hannibal & St. Joseph R.R. Gwaith glo yw y prif beth yn y lle hwn . . . Mae gan yr Annibynwyr addoldy hardd wedi ei godi yma, yn cael ei lenwi yn lled dda bob Sabboth . . . Y Sefydlfa Gymreig nesaf, a'r bywiocaf o lawer yn Mo. ydyw New Cambria, yr hon sydd yn sefyll 10 milltir i'r gorllewin o Bevier, ar linell y Ffordd Haearn. Mae y Cymry sydd yn y pentref a'r wlad oddi amgylch yn rhifo o 700 i 800, ac y mae golwg lewyrchus arnynt oll, a phawb yn fodlon iawn ar y *wlad well.*

* * *

Dawn
(Hanner can milltir i'r gorllewin o New Cambria a'r pwysicaf o'r mân sefydliadau eraill yn Missouri.)

Rhyfedd fel mae ychydig flynyddoedd yn cyfnewid pethau yn Dawn a'r wlad o amgylch. Dauddeg tair o flwyddau yn ôl, yr oedd y lle y saif tref brydferth Dawn arno yn awr, yn goedwig anial, a'r *underbrush* mor dew fel y buasai yn ofynnol i wningen gael spectol cyn gweled ei ffordd trwodd. Yn y blynyddau '66 a '67, yr oedd cymaint yn cael ei gyhoeddi am Dawn, fel yr oedd y bobl yn y dwyrain a'r Hen Wlad hefyd ar ran hynny, wedi credu ei bod yn debyg i'r ddinas y sonnir amdani yn Llyfr y Datguddiad. Yr oedd brawd yn Ohio wedi tynnu darlun o'r ddinas a'i gerfio ar ei feddwl nes oedd yn berffaith gynefin. Daeth i chwilio am Dawn yn 1868. Wedi croesi yr afon a dod i fyny rhyw bwt trwy y *brush*, daeth at rhyw fwth bychan, a elwid y pryd hwnnw yn stôr, a dygwyddai fod tri o ddynion yn sefyll wrth y drws ar y pryd. *'Hay'*, meddai, *'will you gentlemen please tell me where the city of Dawn is?' 'Well brother,'* meddai un o'r dynion, *'you are on Main Street, and in the middle of the city.'* Parodd hynny i'r *'brother'* ddweud gair heb fod yn un grasol iawn.

Dechreuodd y Cymry ddod yma yn 1866, a mwy yn 1867, ond am '68 a '69, yr oedd fel dyfodiad y *grasshoppers*, rhai o bob parth o'r byd, a sir Aberteifi hefyd am wn i, ac yn cynrychioli pob celfyddyd braidd, ond glowyr oedd y mwyaf. A hawyr bach, y fath ffermio oedd yma. Peth grasol oedd gweled rhai yn defnyddio *wedges* a arferid i dorri glo i geisio hollti *sycamore*, pren na holltwyd ac ni holltir byth . . .

Mab Lancarw, 1891

Drygioni Gynt

(Wrth ysgrifennu at fy mrawd yn ddiweddar, gofynnais iddo holi fy hen gydymaith . . .)

Gofyn iddo oedd yn cofio
Taflu asyn Tal i'r c'nal,
A dwyn hwyaden Bet, Llangollen,
A gwerthu honno i Wil y *Bell*;
A thanio'r ffiws wrth gi Sam Gabriel,
Nes y rhedodd hwn yn flin,
Ac y tybiwyd yn y Cheshire,
Fod *explosion* yn y Green.

Gofyn iddo yw e'n cofio
Rhwymo cathod Pen-y-bryn,
Gwt wrth gwt a'u taflu i grogi
Ar lein ddillad Ellis Wynn;
A rhwymo cath yr hen Jack Wernol
Wrth gynffon asyn Wil y go',
Ac anfon yr afradlon gartref,
Megys ellyll trwy y fro.

Gofyn iddo sut mae'r gerddi
A'r perllannau hyfryd llawn,
A gyd-dariem pan yn fechgyn,
Er cael afalau melys iawn;
Nid wyf yn enwi yr un ohonynt,
Rhag i'r ceisbwl ddod yn syn,
Cans 'does neb ond Duw a minnau
A Dic yn gwybod y rhai hyn.

Dywed wrthynt am ofalu
Am yr hen frawdoliaeth lon,
Cŵn a chathod plwyf Rhiwabon,
A mulod doniol ochrau'r Fron,
Perllannau annwyl y Bedelltyr,
Tir y fron a Plas y Ddôl,
Am iddo eu cadw yn farddonol
Nes daw Cheshire yn ei ôl.

(Tal – Tal o Eifion; Y Green – Un o bwllfeydd glo yr ardal;
Ellis Wynn – offeiriad Rhosymedre.)

Cheshire Pierce
Bevier, Missouri, 1885

Kansas

Tua diwedd y 1860au roedd J. Mather Jones â'i lygaid ar dir ymhellach fyth i'r gorllewin. Heibio i dalaith Missouri ac yn ffinio â hi yr oedd Kansas ac fe sefydlwyd dau gwmni tirol oddi mewn i'w therfynau. Yn ôl barn *Hyfforddwr yr Ymfudwr* efallai mai hon oedd y dalaith fwyaf manteisiol eto:

> Y mae dullwedd wyneb y wlad hon (Kansas) yn ffurfio un o'r golygfeydd prydferthaf ar y cyfandir gorllewinol; oblegid y mae y tir yn codi yn risiau llydain o'r dyffrynnoedd dyfnion, nes ffurfio math o rodfeydd anferth, yn dyrchafu yn esmwyth a rheolaidd, y naill yn uwch na'r llall, nes y mae y tir uchaf yn 900 o droedfeddi yn uwch nag arwynebedd y môr! Rhwng y rhodfeydd, neu y grisiau hyn, ceir tir gwastad am filltiroedd o led . . . Mae braidd pob erw o'r tir hwn yn dir o'r fath oreu i'w amaethu, ac nid oes lleoedd gwlybion, corsydd, na llynau o ddwfr llonydd i'w cael yn unman. Ymddengys wyneb y wlad yn hynod o dlws oherwydd y tiroedd uchel a'r coedwigoedd prydferth, y rhai a welir fel ynysoedd yn y môr yn britho y meysydd teg.

Cyhoeddwyd dau lyfr bychan yng nghyswllt yr ymsefydlu yn Kansas a cheir ynddynt adlais o'r disgrifiad uchod yn ogystal â manylion am y sefydliadau eu hunain. Y cyntaf i ymddangos oedd *Arvonia, sef sefydliad Cymreig yn Sir Osage (Kansas),* 1869 ac ynddo adroddir am y can mil cyfair a oedd ar gael, 'tua phymtheg milltir un ffordd, ag ugain y ffordd arall'. O Kansas City, sy'n gorwedd ar y ffin rhwng Missouri a Kansas, a rhyw 1400 milltir o borthladd Efrog Newydd, cyrhaeddid yno drwy deithio rhyw gan milltir ychwanegol tua'r de-orllewin.

Os yw cynnwys y llyfr am Arvonia i'w dderbyn fel y gwirionedd, yna roedd ffrwythlondeb y tir cystal fel y gellid tyfu bron unrhyw beth arno. Rhoddwyd canmoliaeth uchel i'r gwenith a gellir yn hawdd gyd-weld gan mai dyma brif gnwd Kansas hyd heddiw. Ar ôl y gwenith sonnir am ragoriaeth yr ŷd Indiaidd y medrid ei godi:

> Mae y corn yn tyfu weithiau i'r uchder o bymtheg i ugain troedfedd, a'r tywysennau yn llawer mwy na'r rhai a geir yn y taleithiau dwyreiniol. Gall un dyn a bachgen drin deugain erw, a dau ddyn a bachgen tua chan erw, yn ôl prawf amaethwyr ymarferol, a chynefin â'r gwaith o lafurio tir corn. Gellir cynaeafu y corn unrhyw amser ar ôl iddo aeddfedu; ond yn gyffredin gwneir hyn yn y gaeaf, canys ni dderbyn niwed oddi wrth yr hin, ar ôl ei gasglu yn dyrau bychain ar hyd y meysydd.

O'r dechrau trefnwyd sefydlu pentref yn ganolfan i'r fenter a phenderfynwyd ei leoli ar lannau deheuol afon o'r enw *Marias des Cygnes*. Gofalwyd ei fod ar dir uwch i osgoi unrhyw lifogydd ac o ddyddiau cynharaf y gymuned roedd yno westy lle medrai'r teithwyr orffwys ar ôl cyrraedd. Yn gyfleus gerllaw yr oedd siop a welodd newid perchnogaeth yn fuan ar ôl ei hagor, a chyn diwedd 1870 rhoddwyd y gorau iddi gan ŵr o'r enw Whitaker a gydweithredai â J. Mather Jones ar fater gwerthu'r tir. Daethai ef yno fel rhan o'r bartneriaeth o dirwerthwyr yn Chicago, sef Chambers, Whitaker & Stevens.

Yr un a gymerodd at gadw'r siop yn dilyn cyfnod dros dro Whitaker oedd Lewis Humphries (gynt o Glanwili, Caerfyrddin yn ôl ei garreg fedd) ac fe arhosodd ef yma'n barhaol ar ôl hir grwydro'r wlad. Daethai i'r Unol Daleithiau gyntaf yn 1855 pan oedd yn ugain oed a bu'n byw am dro yn Youngstown, Ohio. Yna daeth y cyfnodau yn Kentucky a Kansas cyn iddo gael ei ddenu allan i Golorado. Ymunodd ag eraill i deithio gydag ychain a'r atyniad oedd yr aur y sonnid gymaint amdano drwy gydol y 1860au. Fel llawer un arall ni chafodd fawr o lwyddiant a dychwelodd ymhen byr amser. Yna, yn 1866, gyda'r holl sibrydion am yr arian a gâi ei fwyngloddio yn Virginia City, i ffwrdd ag ef unwaith eto. Er gwaethaf natur y crwydryn ynddo, fe ymddengys mai ef oedd yn rhedeg y siop drwy'r blynyddoedd hyd at 1915, ac yn ôl pob cyfrif, bu mor uchel ei barch â neb yn y gymdogaeth.

Am lawer o'r wybodaeth ynghylch dyddiau cynnar y gymuned mae lle i ganmol un nad oedd, yn ôl pob tebyg, yn Gymraes ond a briododd i deulu a ymfudodd yn wreiddiol o Went yn 1882. Yn y cyfnod yn arwain at 1962 holodd Marybelle Jones nifer o blant y sefydlwyr gwreiddiol; yr oedd rhai ohonynt erbyn hynny yn eu nawdegau. Clywodd am godi'r *Hotel Dooley* a ddefnyddiwyd yn ddiweddarach fel neuadd y Walnut Hall. Codwyd ail westy yn 1870. Câi siop esgidiau ei chadw gan ŵr o'r enw J.P. Edwards ac agorwyd siopau eraill gan John Rees ac yna Thomas Thomas a adnabyddid fel 'Tom Tom'. Roedd yn rhaid teithio i'r gogledd o'r pentref i gael gafael ar of ac arferai hwnnw weithio yn yr awyr agored. Cymaint oedd y galw am ofaint fel y mentrodd gŵr arall o'r enw W.D. Lewis godi efail yn y pentref ei hun a bu'r un teulu yn gwasanaethu'r gymdogaeth yno am bedair cenhedlaeth. Yna roedd 'Big Rock Jones' a gafodd ei enw, nid am resymau corfforol, ond oherwydd iddo arfer byw mewn lle o'r enw hwnnw yn Illinois. Symudodd i Arvonia yn 1872 gan ddod â chwe cheffyl yn ogystal â phopeth arall ar y trên. Ar ddadlwytho aeth ati i ailosod ei wagen at ei gilydd ac ar ôl gwneud hynny medrai gludo'i holl eiddo tuag at y tir a brynwyd ymlaen llaw.

Yng ngolwg un o'r trigolion yn y cyfnod hwnnw, 'lle rhagorol sydd yn Arvonia a'r amgylchoedd i borthi anifeiliaid', a llwyddodd y bobl a ddaeth i Kansas i wneud bywoliaeth o dewhau gwartheg. Ymysg y rhai a wnaeth yn arbennig o dda, ac un a oedd yn adnabyddus i Marybelle Jones, oedd T.R. Evans a ddaeth o Gymru yn 1870 yn bedair oed ac a fu fyw tan 1961 ac yntau'n 95 oed. Nid ef oedd yr unig un i lwyddo ar fagu gwartheg ac yn 1893 adroddwyd am

> H.L. Humphrey yn porthi tua chwe chant o ychain y gaeaf hwn. Efe a J.D.W. Jones (Cattle Jones) ydynt y prif borthwyr yma. Bydd yr olaf yn porthi rhwng tri a phedwar cant. Bu yn ddiweddar a deg llwyth car o ychain tewion rhagorol yn marchnad Chicago, a chafodd amdanynt $4.80 y can pwys. Yr oedd ei *freight bill* i gwmni y rheilffordd yn wyth cant o ddoleri.

Y mwyaf llwyddiannus o blith y Cymry hyn oedd mab y J.D.W. Jones uchod, gŵr o'r enw Walter Jones ac mae ei gyfoeth yn parhau yn fendith i'r ardal. Drwy'r *Jones Foundation* dosbarthwyd ysgoloriaethau i gynifer â 173 o fyfyrwyr yn 2000 a hynny ar ben nifer o achosion teilwng eraill. Ganed y tad ar fferm y Benglog yn Llanddeiniol, Ceredigion yn 1833 a threuliodd gyfnod ymysg ei gyd-Gardis yn ne Ohio cyn symud i Kansas yn 1870. Erbyn hynny roedd ganddo bump o feibion ac yn Arvonia ganed iddo ferch a dau fab arall. Dangosodd pob un ohonynt allu anghyffredin gyda cherddoriaeth a medrai sawl un chwarae offeryn cerdd. Mwy diddorol fyth oedd y côr a ddechreuwyd oddi mewn i'r teulu a danfonwyd yr ieuengaf oll, sef Evan a oedd yn denor swynol dros ben, am gyfnod i'r *Julliard School of Music* yn Efrog Newydd. Y nesaf ato ef oedd Walter a fu'n berchen ar ddeugain mil o gyfeiriau yn Texas a hynny ar ben yr holl dir a feddiannai yn Kansas. Byddai un cip sydyn yn ddigon iddo benderfynu gwerth eidion ac o fewn munudau medrai eu hailwerthu am elw sylweddol. Beth bynnag yw syniad Hollywood am y cyfnod, gyda'r hen ffilmiau rhamantus am y fasnach wartheg a'r holl waith o yrru'r gwartheg hyn o Texas i farchnadoedd Kansas, Walter Jones oedd yr un i gael ei gydnabod fel y prif ddyn a chael ei alw'n *Cattle Baron of Kansas*.

Er cystal y fywoliaeth y llwyddodd llawer i'w sicrhau, bu'n siomedigaeth fawr yn nyddiau cynnar y gymuned pan fethwyd â chael y cwmni rheilffordd i gysylltu â'r pentref. Bu hynny'n rhwystr i ddatblygu'r ardal; ar y pryd cymerwyd yn ganiataol fod y rheilffordd ar fin dod ac o ganlyniad methwyd â denu cynifer ag a ddisgwylid. Hyd yn oed yn y llawlyfr gwreiddiol sonnir am ddyfodiad y rheilffordd a dywedir mai'r methiant hwn, na ragwelwyd o gwbl, a arweiniodd at ymadawiad J. Mather Jones. Hyn hefyd a roddodd le i frawd hynaf Walter Jones, David L. Jones, ddechrau'r dref ddiweddarach yn Lebo, a honno wedi'i lleoli gerllaw'r rheilffordd. Er nad oes cytundeb ynghylch paham yr anwybyddwyd hwy yn Arvonia gan y cwmni rheilffordd, y tebyg yw fod gobeithion uchelgeisiol pobl Arvonia wedi cyffroi eraill i sylweddoli pa mor fanteisiol y byddai rheilffordd iddynt hwythau a bod y cwmni wedi gorfod blaenoriaethu.

Fel yr awgrymwyd eisoes, nid Arvonia oedd yr unig gwmni tirol yn Kansas ac i gynrychioli'r ail ohonynt cynhyrchwyd llyfryn 24 tudalen yn 1871, sef *Powys, Kansas: Cymdeithas Dirol ac Ymfudol America*. Gan fod y tir y penderfynwyd arno bron yn union i'r gorllewin o Kansas City, gorweddai'n fwy gogleddol nag Arvonia. Yno, heb fod ymhell a chan ffinio â hwy o'r de, roedd hen gaerfa Fort Riley ac ymysg y rhai a dreuliodd ran o'u gyrfa filwrol yno yr oedd y Cadfridog Custer a anfarwolwyd yng ngholled fythgofiadwy *Little Big Horn*. Diben gwreiddiol y gaerfa pan gychwynnwyd hi ychydig dros bymtheg mlynedd ynghynt oedd i ddiogelu'r rhai a deithiai'r *Santa Fe Trail* a'r *Oregon Trail* a hon oedd y gaerfa a ddewiswyd yn ddiweddarach i fod yn brif ganolfan i'r meirchfilwyr a chwaraeodd ran mor amlwg yn hanes cynnar y wlad. Gan fod yno dri chant o geffylau pan ffurfiwyd Powys gyntaf a phump cant ugain mlynedd yn ddiweddarach yn 1890, mae'n debyg iddi greu marchnad i rywfaint o gynnyrch eu ffermydd.

Un o'r rhai a fu'n bennaf gyfrifol am ddechrau Powys oedd y Parchedig R. Gwesyn Jones a aned ym Mhenwern, Abergwesyn, yn 1826. Bu'n weinidog ym Merthyr cyn ymfudo yn 1867 ac fe ailgyhoeddwyd darlith o'i eiddo, sef *Caru, Priodi, a Byw*, draw yn yr Unol Daleithiau. Yn ôl adroddiad yn *Y Cenhadwr Americanaidd*, sonnir bod yr ymgartrefu cyntaf wedi dechrau ym mlwyddyn wreiddiol y gymdeithas, sef 1870:

> Mae y sefydliad newydd cenedlaethol hwn yn dyfod ymlaen yn ardderchog. Mae o ddeg ar hugain i ddeugain eisoes wedi cael tir am ddim ac felly dyfod ar unwaith yn berchen ffermydd na chawsent byth yn debyg oni buasai y mudiad yma. Mae yna gyfle i gannoedd eto gael yr un peth . . .

Clywid rhagor am yr ymsefydlwyr cyntaf yn y llawlyfr na chyhoeddwyd mohono tan ail flwyddyn y gymdeithas:

> Mae yn Powys yn bresennol dref o'r enw Bala wedi ei chychwyn. Mae yno un *Store*, dwy *Hotel*, Ysgol Sabbothol, eglwys wedi ei ffurfio, a gweinidog yn byw. Fel hyn mae y Gymdeithas wedi dwyn Cymry Powys mewn un flwyddyn i fwynhad o freintiau a chyfleusderau ag y

mae y Cymry mewn mannau eraill wedi dyheu amdanynt, a methu eu cyrraedd am flynyddoedd.

Un o'r pethau y rhoddir sylw iddo yn y llawlyfr yw prisiau'r amrywiaeth o bethau a oedd yn angenrheidiol iddynt, gan ddechrau â chartref i fyw ynddo: 'Tŷ 12 x 14, wyth trodfedd o uchder, un llawr, dwy ffenestr, *pine weatherboards a pine shingles,* $130'. Yna, ac ar ôl trafod tai mwy sylweddol ac iddynt ail lawr a phrisiau hyd at $260, manylir ar yr hyn yr oedd ei angen i gau'r tir: 'Bydd pris y *wire,* y pyst a'r ystaplau, a'r llafur o'u cludo a'u gosod, yn $192.50 y filltir. Y mae milltir a hanner o *fence* i 80 erw, dwy filltir i 160 erw, a phedair milltir i 610 erw'. Pris aradr arferol oedd rhwng $12 a $15, ond am un wedi'i haddasu at 'dorri y *prairie'* byddai'n rhaid talu rhwng $24 a $35.

'1,000,000 erw o dir ar werth' yw ymffrost y llawlyfr, ond mewn adroddiad arall awgrymir mai un fil ar bymtheg o erwau oedd ar gael gan y llywodraeth a chwe mil a hanner arall gan y cwmni rheilffordd. Ar ddiwedd y llawlyfr ceir sylwadau Rowland Davies a gartrefai ar un adeg yn Virginia ac o'u darllen gellir deall pa mor wahanol y medrai ambell beth fod yn y gorllewin:

> Ni chefais fy siomi mewn dim ond coed a dwfr. Eto y mae y ddau i'w cael heb lawer o drafferth. Y mae chwech neu saith o ffynhonnau wedi eu *sinco* . . . a chafwyd dwfr ynddynt oll o fewn pymtheg neu ugain trodfedd . . . y mae rhai o'r ffermwyr yma yn dweud fod yn llawn cystal ganddynt ddyfrhau yr anifeiliaid o'r ffynnon mewn gwlad agored fel hon a chael *creek* (nant), am y rheswm y bydd hynny yn foddion i gadw yr anifeiliaid rhag myned i grwydro ar y *prairies* yma sydd yn ymddangos mor eang â'r môr.

Ac fel y Cymry hynny oll a fwriodd eu coelbren tua'r gorllewin, nid oedd ganddo yntau amheuaeth ynghylch rhagoriaeth ei ddewis: 'Yr wyf wedi ysgrifennu llawer ar rai taleithiau ond yn sicr y mae golwg y dalaith hon yn gyrru y cyfan i'r cysgod . . . '

Yr un oedd y ganmoliaeth i'r flwyddyn olynol pan gyhoeddwyd rhagor o'i sylwadau yn *Y Faner* yng Nghymru:

> Y mae arwynebedd y wlad yn edrych yn ardderchog – gwair mawr hirlas yn ysgwyd yn yr awelon a blodau amryliw fyrdd yn ei arddurnaw, a gyrroedd anifeiliaid y sefydlwyr yn ymgrwydro yma a thraw, nes mae yr olygfa yn ddigon i swyno unrhyw ddyn; ond eto nis gall dyn fyw ar olygfeydd prydferth – mae yn rhaid iddo lafurio am ei gynhadliaeth; ac nid yw y Powisiaid yn ôl am hynny, oherwydd

> y mae yma rai wedi cymryd tir y llywodraeth, ac wedi gwneud mwy o welliantau arno nag sydd gan rai hen sefydlwyr sydd yma ers ys blynyddau . . .

Cafwyd sylwadau canmoliaethus eraill yn *Y Faner* a oedd hyd yn oed yn fwy brwdfrydig fyth:

> . . . erbyn hyn mae ein meysydd mawrion yn orlwythog gan gnydau toreithog; nid yn unig mae ein gwenith yn ffrwytho yn hyfryd, ond y ceirch a'r indrawn hefyd – gellir disgwyl o 50 i 75 o fwsieli yr erw o'r olaf . . . Y mae pethau wedi cyfnewid erbyn heddiw (h.y., i'r ail flwyddyn), gan fod gennym *store* yn y sefydliad, yn gwerthu pob nwyddau angenrheidiol; a bydd yr hen sefydlwyr wrth gefn y rhai newyddion i'w cyflenwi a had i'r tir, ac a gwenith neu flawd at eu galwad . . . eglwys gymysg ydym eto, eithr mae gennym weinidog yma, sef y Parch Henry Davies, (A.) gynt o Big Rock, Illinois. Bu y Parch R. Gwestyn Jones, Utica, a'r Parch H.E. Thomas, Pittsburg, yma yr wythnos o'r blaen, a chawsom gymanfa dda iawn yma y Sabboth gyda hwynt; cawsom bregethau rhagorol, ac yr oedd y ddau wedi myned i sefyll ar eu huchel-fannau, nes oedd yma *Sasiwn y Bala* mewn gwirionedd . . .

Sasiwn y Bala neu beidio, y gwirionedd yw iddi fod yn llawer caletach arnynt nag a awgrymwyd gan y ddau hyn. Cael gafael ar ddŵr oedd yn bennaf ym meddyliau'r ymsefydlwyr cyntaf! Yn gymharol ddiweddar (1981) casglodd rhai o hen deuluoedd y cylch yr hanes a'i roi ar gof a chadw o fewn cloriau'r cyhoeddiad *Bala Heritage.* Adroddir am James H. Jenkins a arweiniodd y gwreiddiol ohonynt yno ym mis Mai 1870 ac yna'r ddau deulu ar bymtheg a gyrhaeddodd erbyn Mehefin y 18fed. Gyda hwy yr oedd bachgen dwy ar bymtheg oed o'r enw Ellis Davies a phan oedd yntau tua naw deg oed fe'i cymhellwyd i ailadrodd peth o'r hanes. Erbyn iddo ef gyrraedd yno roedd gwesty eisoes wedi'i godi ond dywedodd nad oedd yr un gwely plu yn agos i'r lle. Pryder mwy sylfaenol oedd y ffaith nad oedd dŵr ar gael o fewn cyrraedd a'r unig ddewis oedd mynd ati i dorri ffynnon. Wrth dyllu tua 80 troedfedd rhedwyd yn erbyn craig a bu'n rhaid defnyddio pylor. Yr un anffodus a ddewiswyd i fynd lawr i gynnau hwnnw oedd Ellis Davies. Dywedodd mai ond o'r braidd y llusgwyd ef i ddiogelwch. Yna, wrth aros i'r mwg glirio, clywyd rhyw fath o ruo o'r dyfnder. Penderfynwyd gohirio'r ymdrech tan y bore ond erbyn hynny roedd y rhuo yn fwy byddarol fyth. Heb ddeall beth oedd wrth wraidd y sŵn, a heb wybod mai dim ond cell o nwy oedd yn chwibanu wrth i'r nwy ddianc drwy hollt yn y graig, rhoddwyd y gorau iddi ac yn lle hynny aethpwyd ati i symud y gwesty ddwy filltir i ffwrdd lle'r oedd nant gerllaw.

Pan gyrhaeddodd teulu Ellis Davies yr ardal hon dim ond $215 oedd ganddynt a bu'n rhaid talu'r cyfan i ddau adeiladwr godi tŷ nad oedd yn fwy nag un ystafell. I waethygu'r sefyllfa nid oedd dŵr o fewn dwy filltir a hanner ac er y dôi trefnwyr y gymuned â llond casgen iddynt unwaith yr wythnos, roeddent wedi'u gadael ynghanol gwair gwndwn y *prairie*, heb goeden yn gysgod a hwythau'n mynd yn dlotach bob dydd. A phan fyddai'r gwres ar ei waethaf byddai mam Ellis Davies yn ei anfon i gyrchu dŵr. Doedd ganddo fawr o ddewis ond mynd drwy dyfiant trwchus y *prairie*, gan osgoi'r ambell laswelltyn y dywedid ei fod cyn daled â cheffyl. Ynghanol y caledi hwn daeth y teulu i ben â phrynu aradr ac yna hau y deg cyfair cyntaf o indrawn.

Erbyn 1875 y newyddion mawr oedd bod gweithdy caws ar fin cael ei agor: '. . . yn ddiau, dyma y peth gorau sydd wedi digwydd yn y Bala, a'r sefydliad'. Y rhai a oedd yn gyfrifol amdano oedd dau Gymro a deithiodd yno o Jersey Newydd – un o'r enw Richard Jenkins a fu'n rhedeg y Richard Mines yn y dalaith honno am ddwy flynedd ar hugain, a James Sharples a dreuliodd gyfnod cyffelyb yn Brasil. Yn ôl y cynlluniau, 'bydd y gweithdy o leiaf yn 60 wrth 30 o droedfeddi, ac y mae yn agos i bedwar cant o wartheg godro ar y *list* yn bresennol'.

Yn yr un flwyddyn dathlwyd y 4ydd o Orffennaf trwy gynnal eisteddfod, a rhwng popeth, edrychai'r cyfan yn fwy addawol nag a ellid fod wedi'i ddychmygu beth amser ynghynt.

Yn y diwedd codwyd adeilad a oedd yn gan troedfedd wrth dri deg dau o droedfeddi a buont wrthi'n cynhyrchu caws hyd nes i'r rheilffordd ddod o fewn rhyw filltir iddynt yn 1881. Bu hynny'n gyfle i werthu'r hufen am fwy o bris ac yn rheswm dros symud y pentref i'r de-orllewin er mwyn iddo fod ar bwys y rheilffordd. Soniwyd am hyn ymysg pethau eraill gan ymwelydd yn 1892:

> Yna daethom i'r Bala, y sefydliad Cymreig enwog yn Swydd Riley. Mae yma hen sefydliad cryf o Gymry cyfoethog a dylanwadol. Dechreuodd y Cymry sefydlu yma tua y flwyddyn 1870 a 1871, ac y mae y rhan fwyaf ohonynt trwy ddiwydrwydd, cynildeb, a gweithio yn galed wedi gwneud yn rhagorol yma, ac yn werth eiddo mawr. Mae yma ddau gapel Cymreig da, ond nid oes gan yr un o'r ddwy eglwys weinidog yn bresennol. Wedi i'r rheilffordd ddyfod drwy y lle ychydig flynyddoedd yn ôl o fewn ychydig o bellter i hen dref y Bala, dechreuwyd adeiladu tref newydd gerllaw yr orsaf, felly mae y lle wedi ymrannu – yn lle bod yno un dref fywiog, mae yna ddwy fechan

a difywyd. Yma mae yr Anrh. Rowland Davies (Addfwyn Myddfai) yn byw ac yn gwneud yn dda. Etholwyd ef yn aelod o Dŷ y Cynrychiolwyr yn Topeka bedair mlynedd yn ôl. Efe hefyd sydd wedi bod yn gofalu am y llythyrdy i Uncle Sam yn y lle ers llawer o flynyddoedd. Mae Mrs Davies hefyd yn foneddiges o'r radd flaenaf, yn garedig a siriol bob amser. Maent yn cadw y brif stor yn y lle. Mae Mr J. Sharples hefyd yn barchus a chymeradwy, ac yn cadw stor yma, a llu eraill o Gymry enwog yn yr ardal: Mr a Mrs Thomas Sharples, J. H. Jenkins, y *druggist*; Hugh Jones y gof, B. Watkins y grocer, Mr a Mrs Lewis yn cadw tŷ byrddio yn ymyl y *depot*, T.P. Jones yr amaethwr llwyddiannus ar Madison Creek. Mae Mr Jones yn frawd i D.P. Jones, Osage City, a Mrs Jones yn ferch i Mr Prothero yn Arvonia. Maent hwy yn gwneud yn rhagorol ac wedi mynd yn gyfoethog. Hefyd, mae John P. Jones a John E. Jones o Sir Clay, wedi gwneud yn dda. Mae gan y blaenaf fferm ardderchog a lle tlws dros ben.

Un arall o anawsterau'r sefydlwyr oedd y corwyntoedd ac yn 1882 dinistriwyd capeli'r Annibynwyr a'r Methodistiaid. Dyna fu eu tynged unwaith eto yn 1903. I ryfeddu'r cenedlaethau i ddod yr oedd yr hanes am ferch un ar ddeg oed a gyrhaeddodd yno'n ddwyieithog ond eto heb fedru siarad Saesneg. Priodwyd ei rhieni, James a Niomi (Jones) Sharples ym Mryn-mawr ac ymhen dwy flynedd, yn 1851, roeddent ymhlith y rhai a ymadawodd am Rio Grande do Sol ym Mrasil. Yno y ganed y ferch ac felly fe siaradai iaith y wlad honno yn ogystal â Chymraeg. Cyfeiriwyd eisoes at dristwch y fenter yn Brasil a'r un fu'n gyfrifol am adrodd eu hanes yn *Y Drych* yn 1857 oedd y Parchedig John R. Jenkins a gartrefai yn Dover, New Jersey. Ddeunaw mlynedd yn ddiweddarach ei fab ef, Richard Jenkins, oedd yr un a ymunodd â James Sharples i ddechrau'r weithfa gaws. Yn sgil y cysylltiadau hyn mae lle i ddyfalu ai'r James Sharples hwn oedd wrth wraidd yr hanesion yn *Y Drych* flynyddoedd ynghynt.

Drwy gael ei benodi'n oruchwyliwr gweithfeydd dŵr Porto Algere, llwyddodd James Sharples yn well na'r mwyafrif yn Brasil. Yna, â'i feibion hynaf ar fin cael eu gorfodi i ymuno â'r fyddin, penderfynodd ymadael. Ar y fordaith ni chafwyd awel am chwe wythnos ac oherwydd iddynt guddio'u holl arian rhwng deunydd gwisg y fam, ni fentrodd hithau newid ei gwisg trwy gydol y daith. Rhai o'r Bala oedd y ddau yn wreiddiol ac yn y diwedd cawsant ill dau eu claddu yn y Bala a enwyd ar ôl man eu genedigaeth.

* * *

Un o briodasau Kansas

Gwelais yn *Y Drych* Americanaidd fod angen pregethwr ifanc yn Nhalaeth Kansas. Un yn medru pregethu yn Gymraeg ac yn Saesneg. Atebais yr hysbysiad a chefais lythyr yn ôl (ag yntau yn Denver) yn erchi i mi ddod ar unwaith . . . nid oedd gennyf y pryd hwn, ond rhyw dair pregeth, dwy yn Gymraeg ac un yn Saesneg, a'r rhai hynny, fe ddichon, yn ddigon llipa. Beth bynnag, trodd y Saboth cyntaf yn well na'r disgwyliad. Yr oedd y gwrandawiad yn astud, yr awyrgylch yn wresog, a phob calon yn dyheu am glywed newyddion yr Efengyl Fawr yn eu hiaith eu hunain, a hynny draw ym mhellterau'r Gorllewin. Cefais alwad y noson honno.

Yr oedd yn ddeddf yno fod pum dolar i'w thalu i'r gweinidog am briodi, a bu hyn yn gymorth yn aml i lawer pregethwr tlawd i fyw. Yr oedd hen frawd pur ddoniol yn byw yn fy ymyl. Un o'r *half-caste* yma o'r enw Jacob, ac ebe wrthyf un dydd, 'Yr wyf am briodi, ond nid oes pum dolar yn gyfleus gennyf i'ch talu. Wnewch chwi fy mhriodi os y gwnaf ddal ychydig bysgod i chwi?' 'Gwnaf, gwnaf,' ebwn innau. 'Dewch chwi â'r pysgod a'r fenyw i'm tŷ i, a mi a'ch priodaf.' Toc, dyma Jacob yn dod, y fasged a'r pysgod ar un fraich, a Janet, cloben o ddynes ddu fawr, yn y fraich arall. Gweinyddwyd y gwasanaeth, cefais innau y pysgod, a physgod braf oeddent.

Cwrddais â Jacob wedyn ymhen rhai wythnosau a golwg llipa a digalon arno. 'Wel Jacob,' ebwn i, 'Sut mae Janet yn troi allan'. 'Byddai'n dda gen i,' ebe Jacob yn wirion, 'pe bawn wedi bwyta y pysgod fy hun'.

Derwenydd Morgan

Cwyn Hen Lanc o Kansas

Rhyw feddwl ddaeth i'm calon i
I nofio'r lli tymestlog,
A gadael annwyl fryniau'r gad
Er gweled gwlad gyfoethog;
Ond heddiw rwyf mewn estron wlad
Heb fam na thad yn gwmni,
Gan ddisgwyl daw rhyw fenyw lon
I fod yn ffyddlon imi.

Mae rhai am daeru 'mod i'n hen,
Bod croen fy ngên yn crychu,
Ac arall ddweud ei ben sydd foel,
Ond ni rown goel ar hynny;
Gwrthodais lawer menyw lân
Ar fryniau glân Meirionnydd,
O'u hachos heddiw rwyf yn brudd
A'm calon sydd mewn tramgwydd.

Pe cawn gynnig ar ryw ferch
Rhown arni'm serch yn gyfan,
A'i dwyn yn llon drwy droion byd
Mor glud â mi fy hunan;
Rwyf i yn meddu darn o dir,
Caiff hwnnw'n glir fel anrheg;
A heblaw hynny yn y banc
Gryn bedwar cant ar bymtheg.

Gwilym Mynech
(1876)

Cymry gwreiddiol Kansas

Ar yr olwg gyntaf ymddengys mai'r cwmnïau tirol oedd y cyfrwng mwyaf effeithiol o fynd ati i greu sefydliadau o faint. Gallent godi ymwybyddiaeth o bosibiliadau'r tir ymysg cylch ehangach o Gymry yn ogystal ag ysgafnhau'r baich ariannol – gan Powys oedd yr adran fenthyca. Yna, oherwydd y byddai llawer o'r trefniadau wedi cael eu gwneud ymlaen llaw, byddai'r Cymry mewnfudol yn fwy tebygol o weld eu gobeithion yn cael eu gwireddu. O ganlyniad i'r pwyslais a roddid ar gael lle hollol Gymreigaidd, sylweddolai gweddill y boblogaeth mai gwell fyddai cadw draw yn hytrach na bod yn ddieithriaid ymysg y Cymry. Serch hynny, nid Arvonia na Phowys a ddatblygodd i fod y bwysicaf o ganolfannau'r Cymry yn Kansas ond cyn trafod hyn rhaid troi'n ôl at gyfnod diflas iawn yn hanes y rhan yma o'r wlad: 'Mae yn bryd i ni wneud a allwn yn erbyn caethiwed yn gystal a dweud. Da gennyf weld yr holl gyhoeddiadau Cymreig yn dyfod allan i'r maes mor gryno ag y maent.' Dyna farn Edward Jones a ysgrifennai o Cincinnati yn 1856. Am flynyddoedd bu'n ymdrech galed i gadw Kansas rhag mynd yn dalaith gaethiwol:

> O Kansas flodeuog! Ymdrechodd Caethwasiaeth
> Feddiannu dy diroedd, a'th frathu dan draed;
> Milainwyr Missouri, a'u lludiog elyniaeth,
> Fu'n euog o dywallt afonydd o waed.
> Dy feibion rhyddgarol . . .

Un o'r 'meibion rhyddgarol' hynny a ymrôdd ei holl egni i gadw caethwasiaeth o Kansas oedd John Everett, mab i olygydd *Y Cenhadwr Americanaidd*. Byth er pan ddaeth i Kansas gyntaf yn Hydref 1854 bu wrthi'n anfon llythyron i'w cyhoeddi yn *Y Cenhadwr* ac yn ôl un (dyddiedig Medi'r 2il, 1856) gellir gweld pa mor annifyr y medrai'r sefyllfa fod:

> Nifer y gelynion oedd tua 320. I wrthwynebu y grym hwn nid oedd ond 30 o'r rhydd-daleithwyr . . . Yr ochr ogleddol i'r pentref (Osawatomie) y gorwedda llwyn o goed ar lan yr afon Marias des Cygnes. Yn y llwyn hwn, yn gwylio y ffordd o'r gorllewin, y sefydlai ein gwŷr ni eu hunain . . . ein gwŷr dewr a orchfygwyd . . . yr oedd ganddynt i groesi yr afon ac i ddringo ceulan serth yr ochr draw yn uniongyrchiol dan y gelynion. Rhai a aethant drosodd mewn lle cul; rhai a nofiasant, a rhai a allasant gael gan eu ceffylau nofio a hwythau ar eu cefnau. Y bwledi a chwyrnellid o'u hamgylch fel cenllysg. Yr

oedd un dyn yn ein tŷ heddiw ag yr aeth bwled drwy ei het a chyffyrddodd â'i wallt . . .

Mae'n debyg nad oedd y llythyrwr yn ymwybodol ar y pryd o dynged gweddill y criw a'r ffaith iddynt golli un ar ddeg o fywydau i gyd, a hynny oherwydd eu safiad yn erbyn cadw caethweision.

Er gwaethaf y *Border Ruffians* neu 'milainwyr Missouri' y gerdd, y pleidleisio anghyfreithlon a gweithredoedd erchyll tebyg i'r uchod ar lannau'r Marias des Cygnes, daeth yn glir y byddai Kansas yn dalaith rydd erbyn iddi gael ei derbyn i'r Undeb yn 1861. Hynny a ganiataodd i rai Cymry ddechrau meddwl am ymsefydlu'n ôl yno tua diwedd y 1850au. Penderfynwyd ar ardal i'r de-orllewin o Kansas City, heb fod yn rhy bell o'r Arvonia diweddarach.

Yn y gyfrol *O Gymru i Galiffornia* a gyhoeddwyd yn Llanelli yn 1893 mae'r awdur, John Elias Jenkins, yn rhoi'r argraff iddo fwynhau ymweld â'r ardal hon yn fwy nag ymron unman arall:

> O'r diwedd cyrhaeddais Emporia, wedi bod dri niwrnod a theirnos yn y cerbyd (h.y. y trên). Euthum i dŷ Mrs Madog, lle y cefais groesaw calon gan y bobl dda sydd yno yn byw. Bore Sul euthum i Gapel Dry Creek yng nghwmni y gweinidog, y Parch Henry Rees, (cyn weinidog Ystradgynlais, ac un o blant Llanelli) a'i nith, Mrs Davies. Saif y capel Cymreig hwn tua phum milltir o'r dref. Ni welais un rhan o'r Amerig cyn debyced i Gymru â'r wlad yr euthum drwyddi i'r oedfa foreol. Amheuthun oedd cael cipolwg ar diroedd gwrteithiol ar ôl bod gymaint o amser yn nghrasdiroedd y Gorllewin Pell. Capel bach, twt, yw Dry Creek. Daeth cynulliad da yn nghyd y bore hwnnw, er fod gan y mynychwyr filltiroedd i'w teithio cyn cyrraedd y capel . . .
>
> Cyrhaeddodd y cwmni Emporia erbyn te (swper yr Amerig) ac aethom i'r cyfarfod Cymreig wedi digoni y *dyn mewnol*. Mwynheais fy hunan yn fawr y noson honno, a chefais y fraint o ymgomio â llawer o Gymry o wahanol ardaloedd yr hen wlad. Anhawdd oedd ymadael â hwy. Y bore dilynol cefais gip-olwg ar y dref. Trwy garedigrwydd cyfaill cefais fy ngyrru drwy y prif heolydd mewn cerbyd. Gwelais feddau Cymry ym mynwent hardd y dref. Treuliais oriau diddan yn llety Mrs Madog a'i merch yn Emporia. Ond rhaid oedd ymadael â hwy am un ar ddeg o'r gloch y bore hwnnw. Wedi ysgwyd ein cadachau gwynion cychwynnodd y gerbydes ar yr awr honno, a chyrhaeddodd ddinas Kansas am bump y prynhawn.

Ni lwyddodd yr awdur i weld holl gapeli Emporia gan fod yno ddau gapel yr un gan yr Annibynwyr a'r Presbyteriaid ac un ychwanegol gan y Bedyddwyr. Yn ei lyfr *Americans from Wales* mae'r Athro Ed Hartmann yn eu henwi fel *'Salem Presbyterian', 'Sardis Congregational', 'Second Congregational', 'Second Presbyterian'* a *'Welsh Baptist'*. Ar yr olwg gyntaf nid ydynt yn ymddangos yn rhy Gymreigaidd ond o edrych ar enwau'r rhai a gymerodd ran yng nghyngerdd blynyddol y *Second Congregational* yn 1893, nid oes amheuaeth ynghylch cefndir y mwyafrif: 'D.O. Jones & party, T.H. Lewis & party, E.J. Rees, O.R. Jones, Carl Ballweg, Chas Jones, John Hughes, John D. Jones, J.W. Lewis, Rhys Herbert, Bessie Paxton, Clara Morgan, Alice Evans, Jane Parley, Katherine Lyon, Lissie Jones a May Jones.' Achlysur arall yn yr un flwyddyn oedd anrhydeddu'r Parchedig John Jones ar ôl 23 mlynedd yn gweinidogaethu yn Nhabernacl y Presbyteriaid *(Second Presbyterian?)*. Yn bresennol, ac wedi dod yno'n unswydd o Efrog Newydd, yr oedd un o'r aelodau gwreiddiol a rhyfeddod i'r rhai ieuengaf yn y gynulleidfa oedd clywed ei atgofion o fore'r achos ac am 'y modd y blingodd yr ychain i gael arian i dalu am gludiad y Beibliau o'r *express office*'.

Soniodd John Elias Jenkins hefyd am fynd i gapel ardal amaethyddol Dry Creek ond mae peth amheuaeth a fu mwy nag un capel yn y fan honno. Er nad oes tystiolaeth bendant y naill ffordd na'r llall mae dwy fynwent gymharol agos i'w gilydd yn yr ardal. Yn ôl un ymwelydd yn 1870 roedd y Methodistiaid ar fin codi capel a phan gladdwyd gŵr o'r enw David Davies tua diwedd 1893, dywedwyd iddo fod yn 'ddiacon gyda'r Methodistiaid yn y wlad'. Gan fod John Elias Jenkins wedi ymweld â'r ardal yng nghwmni'r Parchedig Henry Rees, nid oes fawr o amheuaeth mai i Beniel yr Annibynwyr yr aeth ef. Derbyniodd y Parchedig Henry Rees alwad i Sardis yn Emporia yn 1869 a hynny ar ôl gwasanaethu am dros ugain mlynedd gyda'r Annibynwyr yn Ystradgynlais. Ar wahân i godi aelodaeth Sardis o hanner cant i ddeugant, gofalai hefyd am Gapel Peniel yn y wlad. Yn ôl un cofnod, ystyrid ef a'r Parchedig John Jones o Gapel Tabernacl 'yn gyffelyb i Dafydd a Jonathan – yn hoff iawn o'u gilydd, ac wedi cyd lafurio yn Emporia yn y modd mwyaf brawdol'.

Nid oes sicrwydd ychwaith ynghylch pa bryd y daeth y Cymry cyntaf i'r ardal a phwy oeddynt. Gwyddom fod Evan L. Jones o sir Gaerfyrddin wrthi'n ffermio yn Dry Creek ers 1858. Gerllaw roedd Coal Creek a dderbyniodd yr enw, nid am fod yno lo, ond oherwydd bod yr ymsefydlwyr cynharaf wedi byw yn Coal Creek, Ohio ac yna'n Coal Creek, Illinois. Un o'r ymdrechion cyntaf i ddenu sylw at yr ardal hon yw'r gerdd 'Dyffryn y Noesho'. Fe'i cyhoeddwyd yn 1857 ac felly fe ymddengys i'r ymsefydlu ddechrau yn y cylch hwn pan glywyd fod y cynharaf o'r Cymry yn mynd i Minnesota. Yn ôl un adroddiad ym mis Mai 1857 bu ymchwilio dros gylch eang cyn penderfynu ar gyffiniau Emporia:

> . . . yr wyf wedi teithio dros 500 o filltiroedd y gwanwyn hwn, er chwilio am le cyfleus i wneud Sefydlfa Gymreig newydd yn Kansas. Teithiais o Lawrence (Kansas) i ffwrdd i'r deheu i Willow Springs ar ffordd Santa Fe . . . yna euthum i ffwrdd am 25 o filltiroedd i'r gorllewin heb weled yr un tŷ . . . Y lle gorau a welais . . . sydd ar y Neosho uchaf . . . yn agos i Emporia . . .

Digon tebyg oedd barn un arall yn 1858 a hynny ar ôl ystyried y tiroedd ar draws Missouri:

> Bûm am daith o ogledd i ddehau Talaith Missouri yn chwilio am ddaear dda am bris isel. Mae yn wir fod yna dir da, ond mae ei bris ar ei gefn fel nas gall llawer o'r Cymry ei gyrraedd . . . Y lle gorau i'm chwaeth i yw Kansas . . .

Ychwanegodd fod rhyw ugain o Gymry yno'n barod yn 1858.

I'r rhai oedd rhwng dau feddwl ynghylch ymsefydlu yma, fe'u cynghorid i ddod i ymweld drostynt eu hunain:

> Os bydd dau neu dri ynghyd yn ymweld â'r wlad, y ffordd orau yw prynu dau ych a gwagen – bydd yn ffordd rhad o deithio. Gellir coginio a chysgu ynddi, a gwerthu yr ychen a'r wagen yn y diwedd, ac am bris da.

Unwaith eto gwelir pa mor ddefnyddiol fu'r ych a bod ei ddyddiau heb eto ddod i ben. Mae'n debyg ei fod yn greadur addfwyn a ffyddlon hefyd:

> Un gwych yw'r ych i'r hwsmon,
> I weithio ar ei dir,
> Adnebydd ei berchennog –
> Mae hynny'n enwog, wir:
> Creadur mwyn a llonydd,
> Gwna beunydd ufuddhau
> Gwrandawa ar yr alwad
> I fyned dan yr iau.

Ymhen rhyw ddeuddeg mlynedd cymaint rhwyddach fyddai'r siwrnai, heb angen ychen ac yn enwedig ar ôl i'r rheilffordd gysylltu ag Emporia ym mis Rhagfyr 1869. Ar ben hynny gosodwyd tiroedd cwmni'r rheilffordd ar werth ac ymysg y sawl a fanteisiodd ar y cyfle i'w prynu yr oedd nifer o Gymry Middle Granville (ardal chwareli yn ffinio â Vermont) ac efallai mai'r rhain a ddangosodd ddiddordeb i fynd i Batagonia. Yn 1871 cyhoeddwyd cyfieithiad o adroddiad mewn papur lleol ac ynddo clywyd fod 'tiroedd yn gwerthu yn brysur, a bod gwerthiad am Ebrill yn agos gymaint arall ag y bu mis Mawrth, ac mai Cymry yw yr holl brynwyr hyd yn hyn'. O gofio mai Arvonia a Phowys oedd y lleoedd a gâi eu hybu fwyaf erbyn hyn, mae'n syndod bod cymaint ohonynt yn dal i fynd i Emporia.

Un arall a gyrhaeddodd yn y cyfnod hwn, gan ddod yn uniongyrchol o Gymru, oedd J.C. Davies a brynodd fferm bedair milltir a hanner i'r gogledd o'r dref. Ar Sul cyntaf Tachwedd, 1871 ymunodd y teulu â Chapel Bethania yr Annibynwyr *(Second Congregational?)* ac yn ddiweddarach daeth un o'r merched, a briododd ŵr o'r enw John I. Price, yn aelod o Peniel yn y wlad. 'Erryd' oedd enw'r hen fferm yn Culgwm ger Llanymddyfri a dyma enw'r fferm yma hefyd. Talwyd $40 y cyfair amdani, swm a ymddangosai'n hollol afresymol i eraill bryd hynny, ac eto, roedd iddi briddwedd o'r math a geir ar gaeau glannau afon a hynny heb unrhyw berygl o lifogydd. Codwyd cymaint â 60 bwsiel o wenith, neu 70 bwsiel o indrawn y cyfair. Yn danwydd ar gyfer y gaeaf roedd ganddynt ddeuddeg cyfair o goed lleol ac un ar ddeg cyfair o goed catalba. Ni fyddai'r ffynnon fyth yn sych ac un o fendithion yr haf oedd y ffrwythau amrywiol, aeddfed. Gwerthwyd yr hyn a oedd yn ormodedd gan y teulu a gofalwyd na werthwyd gormod o rawnwin i'w droi yn win!

Rhwng 1960 ac 1965 bu gwraig o'r enw Frances Lewis Childears yn cofnodi'r hyn a gofiai am fywyd y gymdeithas yng nghyffiniau Emporia yng nghyfnod ei hieuenctid. Dywed mai ei thad-cu, David T. Lewis, oedd y cyntaf i berchenogi fferm (filltir a chwarter o Gapel Peniel) ac iddo ddod yno o Coal Creek, Illinois a'i fod yn dychwelyd i'r fan honno i ennill cyflog dros y gaeaf. Fel yn achos llawer o'r glowyr eraill, dioddefai o glefyd yr ysgyfaint a bu farw o'r salwch yn 1886. Wrth gysylltu'n uniongyrchol â'r teulu hwn mor braf oedd clywed bod y fferm, sy'n dyddio o 1857, yn parhau yn eu meddiant ar ddechrau'r unfed ganrif ar hugain.

O ran Frances Lewis ei hun, bu'n ddisgybl ac yna'n athrawes yn yr ysgol fach a gynhelid ar un adeg yn Coal Creek. Câi'r ysgol ei chynnal mewn capel pren tan i ysgol gerrig gael ei hadeiladu yn 1868. Roedd rhyw ddau ddwsin o blant yn ei mynychu ac nid anarferol oedd canfod eu bod oll o gefndir Cymraeg ac, fel yn achos llawer ohonynt ar y dechrau, ni fedrai Frances Lewis hithau rhyw lawer o Saesneg. Ceir pytiau o hanes y plant ac adroddir am eu melltith wrth i un o'r plant hynaf daflu pelen o bapur at y plentyn mwyaf diniwed, sef yr un diweddaraf i ddechrau yn yr ysgol. Ond ni chymerodd fawr o amser cyn adrodd ei gŵyn druenus wrth yr athrawes, *'Samy Chickens [Jenkins] tully papper at me'!*

Nid hwn yw'r unig gyfeiriad at Gymraeg y plant. Fe sonia William D. Davies am hyn yn ei lyfr *Llwybrau Bywyd* a gyhoeddwyd yn Utica yn 1889 ac yna ym Merthyr yn 1895 dan y teitl, *America a Gweledigaethau Bywyd*:

> Un o'r pethau cyntaf y sylwais arno wedi dyfod i Emporia y tro hwn oedd fod y Cymry yn lluosogi yno; ac nid hynny yn unig, ond fod arwyddion fod hen Gymry y dref yn llwyddo ac ymgoethfogi. Y mae amryw o fasnachdai mawrion yn cael eu rhedeg gan Gymry o'r iawn ryw, y rhai sydd yn byw yn y dosbarth blaenaf o balasdai y dref. Sylwn hefyd fod masnachwyr Cymreig Emporia yn siarad Cymraeg pur gyda'u plant yn eu tai, ac â'u gilydd ac eraill yn eu masnachdai, &.

Fel yr awgrymwyd, nid oedd prinder o Gymry'n gysylltiedig â'r masnachdai. Gan ddechrau ar gornel 4th Ave. a Commerial St., ceid siop fawr *D.W. Jones & Co.* Fe'i ganed yng Nghymru yn 1856 a daeth i Emporia yn 1878. Yna roedd siop ddillad *G.P. Jones & Co.* a agorwyd yn 1874 ac a gyflogai rhyw ugain o weithwyr. Yn rhan o'r un fenter roedd gŵr o'r enw John H. Jones y dywedid ei fod yn gyfaill ysgol i Lloyd George o bawb! *Thomas & Jones Grocers* oedd un o'r siopau bwyd mwyaf yn Emporia ac mae'n debyg i David Thomas y perchennog gadw siop esgidiau a charpedi yn ogystal ar un adeg. Cawsai ei eni yn sir Drefaldwyn a threuliodd gyfnodau yn Efrog Newydd, Chicago ac Iowa cyn symud i Emporia yn 1858. Yna yn 1879 clywyd am ŵr arall o'r enw T.H. Lewis a benderfynodd agor siop, a dilynwyd yntau gan siop deiliwr James E. Lewis yn 1882. Efallai mai'r mwyaf llwyddiannus ohonynt oll yn Emporia oedd Lewis L. Lewis a ymfudodd o dde Cymru yn 1869 ac a gyflogai hyd at bedwar cant o weithwyr ar gyfer codi pontydd yn yr ardal.

Fel y gellid disgwyl, bu Emporia yn dref eisteddfodol o fri a chafodd Cymro o Arvonia ei fodloni'n fawr pan deithiodd yno i fod yn bresennol yn yr eisteddfod a gynhaliwyd yn 1877:

> Bûm y Nadolig hwn yn mwynhau fy amser yn eisteddfod fawreddog y dalaith, yr hon a gynhelid yn nhref hardd Emporia. Yr oedd yno gynulleidfa luosog o Gymry parchus wedi ymgasglu o wahanol sefydliadau Cymreig y dalaith. Aethpwyd drwy waith y dydd yn ganmoladwy. Cafwyd cystadlu da a gwresog mewn canu, adrodd, &c., ac yn yr hwyr cafwyd gyngerdd odidog.

Rhaid canmol y Cymry hefyd am gyhoeddi'r papur wythnosol a ddechreuwyd ganddynt rywbryd yn ystod y 1880au. Er ei fod yn cael ei ystyried yn bapur dwyieithog, Cymraeg yn unig a welid ar ei dudalen flaen ac mae'r rhan Saesneg wedi'i chladdu yn ei ddiwedd. Prin yw'r wybodaeth sydd gennym am y papur hwn a'r gred gyffredin yw iddo ddod i fodolaeth yn 1883 dan yr enw *Colomen Columbia.* Yr hyn sy'n amlwg o ran enw'r papur yw'r gair *'Columbia'* ond gan fod cymhlethdod o ran yr addurn a amgylchynai'r enw, nid yw'n hollol glir (yn enwedig i'r di-Gymraeg) a yw'r llythrennau'n dynodi *colomen* yn ymddangos am yn ail â llythrennau bras *COLUMBIA.* Cymhlethir cefndir hanesyddol y papur hefyd gyda'r 'cyf. iv' a 'cyf.v' a ymddangosodd yn 1891 ac 1892. Os na fu trawsnewid yn arddull y papur i gyfiawnhau rhoddi 'cyf. 1' i gyferbynnu ag 1888, y tebyg yw mai dyma pryd y cychwynnwyd y papur ac nid yn 1883 fel y tybir yn aml. Y sawl oedd yn gyfrifol amdano oedd Edwin C. Jones a'i *Columbia Publishing Co.* yn nhref Emporia.

Mae llawer o ddeunydd y papur i'w ganmol, o'r manylu am y sefydliadau gorllewinol hyd at ddenu cyfraniadau y mwyaf llengar yn y dwyrain. Yna, o blith y darllenwyr pwy na allai lawenhau o glywed am dynged un rhifyn ohono yn Emporia ei hun:

> Pan oedd Mr John H. Pugh, ger Emporia, gyda chyfeillion yn edrych i fyny i frigau coeden, gwelsant nyth aderyn fechan ddestlus dros ben. Erbyn gwneud archwiliad arni, cafwyd ei bod yn wneuthuredig gan fwyaf o ddarnau o *Columbia* ynghyd â defnyddiau gwerthfawr eraill. Yr oedd geiriau argraffedig y *Golomen* yn addurniadau prydferth ar barwydydd ystafell y siedydd brydferth chwaethus, a phwy a ŵyr y dylanwad daionus a gawsant ar ei theulu.

A'r 'siedydd' yw'r aderyn bach sy'n perthyn i'r Byd Newydd yn unig, sef yr *hummingbird.*

Ym mis Awst 1891 symudwyd y papur i Chicago a'r gred gyffredin yw i'r enw newid i *COLUMBIA.* Nid yw hyn yn hollol gywir 'chwaith a than fis Mai 1893 yr un fu arddull y testun, gyda'r 'golomen' wedi'i gweu i'r teitl mor ddi-sylw â chynt. Hefyd, nid doeth fyddai newid yr enw gan fod traddodiad o gyfeirio at y papur fel *Y Golomen.* Yn Emporia ei hun roedd hiraeth ar ei ôl:

> Yr ydym yn teimlo chwithdod wrth ddechrau ysgrifennu draw i'r dwyrain i allu cyrraedd y *Golomen,* ar ôl iddi hedfan allan o'r ddinas hon . . . a wedi tyfi mor gadarn ynghanol y corn ar wastadedd Kansas . . .

Yn Chicago ar y llaw arall, bu presenoldeb y papur yn achos llawenydd fel y tystia'r amrywiaeth o gerddi ac iddynt destunau megis 'Llwyddiant i'r Colomen' ac 'Mae'r Golomen Wedi Dod'. Er i werthiant y papur weld cynnydd o ddwy fil ar ôl symud i Chicago, daeth ei dymor o annibyniaeth i ben yn 1894 pan unwyd ef â'r *Drych.*

O dro i dro ysgrifennid am y Cymry yn y papur Seisnig *Emporia News.* Ym mis Ionawr 1860 dywedwyd fod dros gant ohonynt, oll â ffermydd llewyrchus, a bod ugain teulu arall ar fin dod yno. Papur enwocaf Emporia er hynny oedd yr *Emporia Gazette,* diolch i William Allen White a brynodd y papur yn 1895 ac a gododd yn un o olygyddion mwyaf adnabyddus a dylanwadol y wlad. Ceir lluniau ohono yng ngwmni'r Arlywydd Roosevelt a'r nofelydd Dean Howells a phan dynnodd y papur sylw at godi tŷ i weinidog yr ail gapel Presbyteraidd yn 1911, manteisiodd yntau ar y cyfle i ysgrifennu colofn olygyddol am y Cymry:

> *The Welsh people of this community have lived here for over a generation. They have been the best single strain of blood in our Emporia life. They have Americanized, but have retained their strong qualities of thrift, of honesty, of industry, of deep moral qualities. Also they are the basis of the best artistic feeling in the community. More than the Americans of several generations, these newer Americans have the sense that money is not all of life, that there is something better than hard cash, and they have given Emporia much of its best tone, its steady-going homely purpose and its wholesome details.*
>
> *The Welsh people in Emporia and vicinity probably number several thousand souls; yet there are no Welsh paupers, no Welsh criminals, no Welsh loafers, no Welsh snobs; they are the salt of the earth, and Emporia is a better, cleaner, kindlier town because it is the home of these people.*

COLOMEN COLUMBIA, y farn o Gymru

Yr wyf wedi bod yn gwylio y newyddiadur hwn o'i gychwyniad cyntaf, ac y mae ei gynnydd yn amlwg i bawb. Ond yr hyn y dymunwn alw sylw ato yn bresennol yw y rhifyn Nadolig o'r papur, yr hwn sydd, o ran trefniant a lleoliad yr ysgrifau a'r darluniau, ac argraffwaith i fyny a dim a ddygwyd allan trwy unrhyw wasg argraffyddol erioed. Dyma'r cynnig cyntaf i ddwyn dim byd tebyg allan yn Gymraeg, ond gobeithio mai nid hwn fydd yr olaf. Y mae yn glod i'r hen gelfyddyd urddasol, ac yr wyf yn falch fod fy nghenedl yn 'ngwlad machlud haul' yn dyfod allan mor anrhydeddus fel crefftwyr celfyddgar. Y mae wedi ein curo ni yn yr 'Hen Wlad' o ddigon. Daliwch ati fechgyn, i fod ar y blaen, nid yn unig fel argraffwyr, ond ymhob celfyddyd arall.

Idriswyn, Ion. 1892

Yn sicr rhaid dweud fod y Cymro-Ianci o ddinas Ffair y Byd ar y blaen mewn ffurf, llythyren a chelfyddwaith, ar ddim a welsom yn mysg newydduron, ie, na chylchgronau y Saeson. Cyfrifir y *Graphic*, o Lundain, a'r *Illustrated News* fel y pethau gorau yn myd yr argraffwyr Saesnig; ond yn wir, y mae y *Columbia* yn fwy dillyn. Ceir ynddo lawer o ddarluniau o ohebwyr y newyddur, yn ngyda darluniau y boneddigion a ffurfiant Fwrdd Cyfarwyddol Eisteddfod 1893. Os deil y *Columbia* i fyny a'r marc a wnaeth yn Nadolig 1891, gyr yr holl newydduron Cymreig i'r wal mor siwr a'i fod.

Golygydd 'Y Celt' (W. Keinion Thomas)

Dyffryn y Neosho

Ar ddyffryn y Neosho
Mae coedydd union braf,
A dŵr i'r anifeiliaid,
Ar dywydd sych yr haf,
Mae yma'r daear frasaf
A welwyd dan yr haul,
Nid Dyffryn Clwyd neu Thowy
Gyfrifir iddo'n ail.

Mae'r tiroedd yn dra gwastad
A'r coed yn fawrion iawn
A'r adar mân yn pyncio
Trwy'r llwyni fore a nawn;
Does unman trwy'r Tiriogaeth
'N rhagori arni'n bod;
Er bod i Ddyffryn Kansas
A Wakerusa, glod.

Hil Gomer dewch yn lluoedd
Gael meddu'r tiroedd braf,
Sy'n gorwedd yn y dyffryn
Yn ochain aua' a haf
O eisiau anifeiliaid
A dynion gwâr i fyw,
Yn lle bwysfilod gwylltion,
A'r Indiaid anwar ryw.

Cewch gant tri ugain erw
I'ch meddiant bob yr un;
Bydd hynny'n dyddyn helaeth
I godi bwyd 'r dyn;
Un dolar wen a chwarter,
Y cyfair gostia hwn;
Pa ddyn all fyw heb dyddyn
Trwy'r holl-wlad yn grwn.

Fe godir cnydau mawrion
O'r cloron gorau'u rhyw,
A chorn a gwenith melyn
I gadw dyn yn fyw,
Cewch beaches a 'falau ddigon
A granwyn du eu lliw,
Ac eirin Mair a mwyar
Rhai mawrion, gorau'u rhyw.

Mae'r coed yn llawn o dwrcis
A bychod denys gwych;
Cewch fwyta cig digonedd
Nes bod yn gryf fel ych;
Mae yma chwyaid gwylltion
Fath orau sydd yn bod;
A'r parrots yn finteioedd,
Mae'r wlad yn haeddu clod.

Ffarwel yr holl Omeriaid
Trwy'r Dwyrain draw i gyd,
Mewn gobaith cai'ch gweld yma
O amryw fannau'r byd
Nid i lesoli f'hunan
Y cyfansoddais hwn,
Ond i lesoli'r Cymry
Trwy'r hollfyd mawr yn grwn.

Emporiad
(1857)

Nyth newydd 'Columbia'

Hawddamor it', Golomen lwys,
Am ddod ar bwys i nythu;
Nid oedd yng ngwlad machludiad haul
Un sail it adeiladu.

Câi nawdd yn ninas Ffair y Byd,
A'th nyth fydd glyd y gaea';
Heb achos ofni taran fyllt,
Ar b'reri gwyllt Emporia.

Er dianc o'r Gorllewin pell,
I ardal well i drigo,
Gofala gadw'th nyth yn lân
Rhag haint a thân Chicago.

O! cofia, lwyswych G'lomen gu,
Fod llygaid lu'n dy wylio;
Rhaid it 'fel boneddiges fyw'
Lle rhyfedd yw Chicago.

Fe ddaw holl feib yr ynys wen,
Edmygwyr llên ac awen,
A llawer estron yn eu plith
I weled nyth y G'lomen.

Dos dithau allan ar dy hynt,
Yn chwim fel gwynt o'i gyntedd;
Cymella bawb i ddod mewn pryd
I Ffair y Byd a'i mawredd.

Myrnach
Cleveland, Ohio, 1891

At lannau'r Môr Tawel

Nid yr un yw talaith Oregon heddiw â'r un a gynrychiolai'r enw yn ôl yn y cyfnod pan ymgartrefai Michael D. Jones yn Cincinnati. Bryd hynny roedd Oregon yn cynnwys yr ardaloedd a ddaeth yn Dalaith Washington yn 1889 ac yna Idaho yn 1890. Ar un adeg ystyriai Michael D. Jones mai'r wlad Brydeinig i'r gogledd o'r rhain oedd y lle gorau i'w arloesi. Gan ei bod yn bennaf yn ardal hollol fynyddig, yr unig ddewis fyddai naill ai ffermio dyffryn afon Frazer, lle mae Vancouver yn awr, neu'r ynys o'r un enw â'r ddinas. Nid yw'r ynys heb ei hardaloedd mynyddig ychwaith.

Er yr holl sylw a dderbyniodd Oregon cyn ystyried Patagonia, ni fu presenoldeb Cymraeg amlwg yno tan yn fwy diweddar o lawer. Pan gafodd Oregon ei hardal Gymreigaidd yn y diwedd, a hynny'n annisgwyl, mae'n eironig mai gŵr a ddiflasodd ar Batagonia fu'n gyfrifol am hynny. Efallai nad oedd glannau'r Môr Tawel mor anodd i'w cyrraedd, a medrai David W. Thomas ddal y trên a âi at San Fransisco. Wrth ysgrifennu at gyfeillion yn ôl yn Aberdâr ac yna i'r *Drych*, daeth i ben â chael pobl eraill i'w ganlyn. Canmolai'r tir y gellid ei brynu am bymtheg swllt i dair punt y cyfair a chynghorodd hwy i ddod â phob math o hadau gyda hwy. Y lle a ddewisodd oedd Beaver Creek sydd rhyw ugain milltir i'r de o Portland, prif dref y dalaith. Aeth un ar hugain arall yno gydag ef i sefydlu Capel Bryn Seion ym mis Ionawr 1884, ac erbyn mis Mehefin roedd capel wedi'i godi ar dir a gyfrannodd ef ar gyfer y fenter am un ddoler.

Saith mlynedd yn ddiweddarach, yn 1891, clywyd mwy amdanynt gan un a benderfynodd aros yno'n barhaol ar ôl iddo gartrefu gyda'r hwn a'r llall am ddeufis:

> Mae sefydliad Cymraeg Beaver Creek chwe milltir i'r dwyrain o Oregon City, a hynny oddi wrth afon y Williamette i ganol y sefydliad, a phedair milltir i gwr dwyreiniol y ddinas, a ffordd dda ond am y tywydd gwlawiog yn y gaeaf. Gwlad goediog ydyw – rhai coed trymion ac eraill llai; felly yn gwneuthur llawer o wahaniaeth yn y gwaith o glirio. Mae yno rai ffermydd lled fawr wedi eu clirio – o bum i gan erw. *Rolling* yw arwyneb y wlad, a wedi ei chlirio mae yn edrych yn dda . . . ar gyfartaledd ceir 25 bwsiel o wenith yr erw, ac o 45 i 70 o geirch mewn rhai mannau. Codir haidd, rhug, a chorn. Heuir gwenith gaeaf, ond pe yn troi yn fethiant heuir gwenith gwanwyn drachefn . . . mae yn wlad frwythau o'r fath orau. Mae y Williamette Valley o Portland i'r de tua 132 milltir wrth 50 neu 60 o led. Codir afalau, cerllyg, eirin, *prunes, cheries,* eirin gwlanog, *grapes,* eirin Mair,

cyrans, a gwahanol fathau o goed . . . mae pris y tir yn amrywio yn ôl y gwelliantau, o'r tir coed $10 i $50 a $70, a llawer uwch mewn mannau eraill; felly gwelir fod eisiau arian i ddechrau.

Yn yr un flwyddyn, sef 1891, soniodd gŵr arall fod ganddynt bymtheg ar hugain o ffermydd o fewn rhyw 6-7 milltir i'w gilydd. Roedd Mawddwy Jones yn weinidog ar y Cymry rhwng 1888 ac 1892 a chyhoeddodd, ymysg pethau eraill, awdl goffa i Michael D. Jones.

Llifai afon Williamette drwy Oregon City heb fod ymhell oddi wrth y Cymry, a dim ond rhyw ugain milltir oedd ganddi cyn cyrraedd cyffiniau Portland lle ymunai ag afon Columbia. Tardd yr afon hon yn British Columbia ac o'r ychwanegiant at ei dyfroedd wrth iddi ddirwyn ei ffordd o'r naill droad i'r llall drwy ganolbarth tiriogaeth Washington daw'n brif afon i'r gogledd-orllewin. Hon oedd yr afon a ddilynodd Lewis a Clark hyd at lannau'r Môr Tawel a rhyw ddeg i ugain milltir oddi wrthi, mewn ardal a elwid unwaith yn *Big Bend,* mae'r tir a sefydlwyd drwy ymdrechion yr olaf o'r cwmnïau tirol Cymreig. Mewn cyfarfod arbennig a gynhaliwyd ym Mhittsburg ym mis Chwefror 1886, penderfynwyd anfon rhai i'r gorllewin hwn i ymchwilio'r wlad gan ddisgwyl iddynt ddychwelyd gyda'u hadroddiad erbyn mis Medi. Llwyddwyd i gyflawni'r cyfan a fwriadwyd ac i ddosbarthu llawlyfr o'r enw *Y Gymdeithas Dirol Gymreig*. Ynddo eglurir mai pwrpas y gymdeithas oedd i

> sicrhau cartrefi rhad mewn gwlad iach a chynhyrchiol i'r Cymry . . . i gael breintiau cymydogaethol a chymdeithasol yn eu hiaith eu hunain . . . wrth brynu 10,000 ac uchod o erwau, gellir ei gael yn lawer yn rhatach nag wrth brynu ond rhyw 100 neu 200 o erwau ar unwaith.

Cyn dewis *Big Bend* edrychwyd am dir yn Nhalaith Oregon yn ogystal â Thiriogaeth Washington. Dywedir iddynt deithio rhyw bum mil o filltiroedd:

> Buom ddiwyd o godiad hyd fachludiad haul. Cysgasom allan yn ngwyddfod sêr y nefoedd, wedi rhwymo ein hunain mewn hen flancedi, fel Indiaid . . . yn y *Big Bend* yn unig y gwelsom ddigon o dir clir heb achos ofni cyffwrdd â charreg na boncyff wrth aredig.

Paradise Valley oedd y man arbennig y cytunwyd arno a'u gobaith oedd denu digon o Gymry i gymryd deg mil ar hugain cyfair. Er iddynt fwriadu ailenwi'r ardal yn *Paradwys y Cymry,* tueddwyd i ddefnyddio'r enw Saesneg *Big Bend*. Serch hynny, ceir hefyd ambell gyfeiriad sy'n galw'r ardal yn *Wlad yr Ogwydd Fawr*.

Er gwaethaf yr addewidion am dir heb gerrig, ni chafwyd hynny'n union yn ôl William D. Davies a ymwelodd â'r sefydliad, ond ni welai'r cerrig yn ormod o rwystr:

> Y mae arwynebedd y tir yn lled wastad am ugeiniau o filltiroedd, fel y gellir aredig bron yr oll ohono yn hawdd. Gweryd o liw llwydwyn sydd yno bron oll, a digon o ddyfnder, ond bod yno ddarnau mawrion a bychain o dir cerygog nas gellir ei drin. Mae yno, pa fodd bynnag, lawer o ffermydd heb ddim o'r tir cerygog dan sylw. Ceir y ddaear orau ar ben y bryniau i'r gogledd o Ddyffryn Paradwys, ac yn ardal (Capel) Beulah. Gwelais *springs* da o ddŵr ar rai o'r ffermydd, ond y mae bron yr oll yn gorfod cloddio er cael dŵr mewn cyfiawnder – o ddeg i gan troedfedd o ddyfnder. Tebyg fod y cyfartaledd tua 50 troedfedd.

Cwmni rheilffyrdd y *Northern Pacific* oedd yn gyfrifol am holl dwf poblogaeth Tiriogaeth Washington tua diwedd y bedwaredd ganrif ar bymtheg. Cyn iddynt gysylltu ag ardal Seattle yn 1883 nid oedd yno ond rhyw 75,000 o drigolion drwy'r diriogaeth gyfan. Ymhen saith mlynedd byddai'n 357,000:

> Mae cerbydau y rheilffyrdd yn orlawn o ymfudwyr yn dod o'r dwyrain i'r dalaith hon, a hynny yn ddyddiol, nes mae y wlad yn cael ei llenwi. Mae y rhai sydd ganddynt ychydig o arian yn gwneud yn dda trwy gymryd tiroedd . . . nid ydym yn annog neb i ddod yma ar hyn o bryd, gan feddwl ymddibynu ar waith, gan fod y ddinas (Spokane) yn orlawn o ddynion; ond os gwêl y *Golomen* lwyth llong o ferched ieuanc mewn angen am leoedd, bydded iddi eu gollwng yn Spokane, gan fod yma angen y rhyw fenywaidd yn fawr. Maent yn talu o $5 i $10 yr wythnos i ferched da.

Y *'Golomen'*, wrth gwrs, oedd papur wythnosol Kansas, *Colomen Columbia*. Mewn adroddiad yn 1891 ceir hanes cynifer yn mynd i *Big Bend* ei hun:

> Dydd Llun diweddaf, daeth tua 50 o bersonau i mewn gyda eu gilydd o Iowa ac Illinois . . . Er nad oes yn yr ardal hon ddim tir y Llywodraeth heb ei gymryd, eto gellir prynu *claims* yn weddol rhad ar hyn o bryd. Mae yma filoedd o erwau o *lowland*, ac y mae y newydd-ddyfodiad yn ymsefydlu arno o'i gwr. Credwn ei bod yn eithaf dyogel iddynt sefydlu arno. Gresyn na bai y Cymry yn gwneud brys i feddiannu cartrefi mewn gwlad ardderchog fel hon.

Yn ystod y blynyddoedd dilynol derbyniodd *Y Drych* nifer o adroddiadau gan rywun a alwai'i hun, o bopeth, yn *'Bigbender'*. Yn rhifyn 21 Ebrill, 1892 dywed iddo fod yno ers pedair blynedd ac iddynt godi capel Methodist yn ystod y cyfnod hwnnw a bod gweinidog ar fin derbyn galwad. Ceir ganddo rai sylwadau am gyflwr y ffermydd hefyd: 'Daeth yn wanwyn cynnar arnom eleni. Yr oedd rhai yn hau tua'r 22ain o Chwefror, fel erbyn hyn y mae yr ydau yn dechrau glasu y ddaear, a'r glaswellt yn ymwthio allan yn gyflym . . .' Erbyn rhifyn 31 Mai, 1893 medrai ddweud bod gan saith ar hugain ohonynt dir a bod tri ar ddeg arall ar fin mynd gyda'i gilydd i'r swyddfa gofrestru. Yna, ar 30 Medi, 1893 clywyd oddi wrtho unwaith eto:

> Mae y cynhaeaf agos drosodd yma, a'r peiriannau dyrnu i'w clywed yn chwyrnellu draw ac yma ar hyd a lled y wlad, a'r amaethwyr yn teimlo yn llawen wrth weled fod eu llafur am y flwyddyn yn troi yn llwyddiant. Mae yma rai wedi dyrnu a chael dros 30 bwsiel i'r erw . . .

Yn ôl rhywun arall a ysgrifennai i'r *Golomen* dan yr enw Tawelfryn, nid y cynaeafau oedd yr unig beth ar feddyliau llawer ohonynt yn 1893:

> Rhyw ysfa priodi sydd wedi dyfod ar waethaf yr hen lanciau, ac ar ieuanc lancesau. Ychydig ddyddiau sydd er pan y penderfynodd H. M. Jones a Miss A. Evans mai nid da bod dyn na menyw ei hunan, ac yn llewyrch y cyfryw oleuni aethant tua Spokane, ac yno cyhoeddwyd hwy yn ŵr ac yn wraig. Cyn ein bod bron wedi gorffen llongyfarch (hwy) . . . wele Griffith Hughes a Miss M. J. Roberts yn gwneud pob brys i fyned dan rwymyn cyfamod Adda Jones, gan gymryd y byd er gwell ac er gwaeth . . .

Cyfarchwyd Griffith Hughes a Miss M.J. Roberts:

> Dwy galon unwyd â'i gilydd – i fod
> 'Run fath yma beunydd;
> A boed haul, ie, ar bob dydd – o'u hundeb
> Lliwio ei wyneb boed diwall lawenydd.

Ac wrth drafod priodasau, manteisiodd Tawelfryn ar y cyfle i gyfeirio'n gellweirus at un o'r pethau na ellid ei gadw ynghudd yn hir: 'Dywedir yn ddystaw bach fod y fardd-lenores Sali o Spokane yn treulio ei hafbryd eleni rhwng Dyffryn Paradwys a Beulah. Garw o beth os deil ar wynt *Big Bender.*'

Er mor addawol yr ymddangosai popeth, roedd un peth a boenai hyd yn oed drigolion Gwlad yr Ogwydd Fawr. Fel mewn parthau eraill o'r gorllewin, roedd yno bob amser rywbeth a amharai ar y cnydau, o'r ceiliog rhedyn i'r adar, o'r diffyg glaw a'r poethder i'r ystormydd a'r corwyntoedd a'r cenllysg. Y tro hwn bu'n rhaid wynebu gelyn arall eto a dywedodd William D. Davies mai'r un peth a glywai bob tro wrth iddo ymholi ynghylch yr ymateb i'r lle:

> Da, ond fod y wiwerod bron â'n trechu. Y mae digon o waith i un neu ddau ohonom eu hymladd bron yn gyson am y misoedd y bydd yr ydau yn tyfu; ac mae y creaduriaid bychain yn myned yn rhy galed i rai o'r ffermwyr, ac yn bwyta yr holl gnwd.

* * *

Mynd efo'r Trên

Yr amser hwnnw (1882) yr oedd cyfleusterau teithio yn anniben a chostus iawn. Yn *Council Bluffs* (ger y Missouri) byddai cerbydau yr ymfudwyr yn cael eu rhoi y tu ôl i'r *freight trains*, ac yn aml anifeiliaid fyddai agosaf atynt, ac nid dymunol iawn fyddai gwehyriadau y meirch, brefiadau y gwartheg, neu wychiadau y moch, heb sôn am eu sawyr am ddyddiau. Cymerai dros wythnos o *Council Bluffs* i San Francisco. Byddai y trens fel rheol yn hir iawn, a phan gyrhaeddai y peiriant le i gael dwfr, &c., byddai ei gynffon chwarter milltir o gyrraedd lle i gael ymborth, a dyna lle byddai pawb yn rhedeg – gwŷr, gwragedd a phlant, ac yn aml byddai yr hen geffyl yn cychwyn cyn i ni gael tamaid, a byddai gyrrwr y trên yn cael mawr ddifyrwch wrth ein gweled yn rhedeg rhag ofn ei golli.

Wedi cyrraedd Oakland, Calif., rhaid newid y trên am agerfad i groesi y bae, yna newid am agerfad arall yn San Fransisco am Portland, Oregon, a gwarchod pawb rhag taith y tri diwrnod hyn! Er croesi yr Iwerydd pum' waith, ni welsom neb mor sâl o glefyd y môr ag ar y daith hon. Yn Portland, newid o'r agerfad i'r hotel, a newid drachefn ar y Northern Pacific am Spraque. Talu $54 i San Francisco, $10 oddi yno i Portland, $22.50 o Portland i Spraque, a newid chwech o weithiau. Ni chaniateid ond can pwys o *luggage* ar gyfer pob teithiwr, a chodid deg *cent* y pwys am a fyddai dros ben o *Council Bluffs* i San Francisco, a pum *cent* o Portland i Spraque. Ond erbyn hyn (1893), rhyfedd y cyfnewidiad; gellir yn awr fyned i'r trên yn Spokane a pheidio newid o gwbl nes cyrraedd Chicago, a chyrraedd yno mewn pedwar diwrnod am $42.

Fred. L. Jones a gartrefai yn Spokane
a'r dref o faint sy'n agosaf i Big Bend.

Rheilffordd y Môr Tawel

(Llinell y *Central Pacific Railroad* a agorwyd yn 1869.)

Clywch ruad y mangel O! gwelwch y fflam,
Mae'r nwyfre yn wreichion hylufol,
Pob dinas a phentref drwy'r wlad a ront lam,
Gan chwyfio'u banerau urddasol;
Ust! clywch y gorfoledd crechwenawl 'r un pryd,
Sy'n cyfarch celf dduwies orchestog,
Mewn mawl ar orpheniad prif gledrffordd y byd,
O'r Werydd i lan y Tawelog.

Y ganrif orwenog bresennol y sydd,
Yn teimlo fel wedi gneud gwyrthiau;
Ha! adsain gorfoledd gan chwaon y dydd,
Wasgara dros fyd i'w derfynau;
O dalaith i dalaith, o wlad hyd at wlad,
Hon sydd yn gelf linell fawreddog,
Gysyllta bell wledydd ynghyd mewn mawrhad,
Ac undeb masnachol diysgod.

Gweryra yr agerddgerbydau gwych draw,
O Efrog hyd at San Fransisco,
Preswylwyr y ddwy wlad ront law nawr mewn llaw,
Siaradant â'i gilydd gan gomio;
Y Werydd rydd gusan cyfeillgar ar rudd,
Hen Fôr y Tawelog nawr weithion,
Anwylant ei gilydd mawrygant y dydd,
Eu gwnaethpwyd gan gelf yn gym'dogion!

Meurig Aman
Hyde park, Pa. 1869

Fy Ngwlad Fabwysiedig

Fy awen ehada,
Ehed yn ddioed,
I Gymru'r lle cyntaf
Y sangodd fy nhroed;
Dwys gymell fy ngheraint,
Y Cymry glân llon,
I ddod i'r Amerig
Dros ddwfr a thon.

Pob parch i hen Gymru
Hoff Gymru ddinam,
Lle cefais fy magu
Ar fronau fy mam.
Ond heddiw Amerig
Gwlad garol fy mron,
A'm brodydd Cymreigaidd
Gymhellaf i hon.

Fy ngwlad fabwysiedig
Anwylaf dy fri,
Brenhines y gwledydd,
Orenwog wyt ti.
A rhwng dy heirdd fryniau,
A'th ddolydd teg ry'w,
Dymunaf gael aros
Tra byddaf i byw.

Os siomir rhyw Gymro
'N rhai parthau gan wres,
Gall fynd i *State* arall,
Sydd oerach er lles;
Mae yma fynyddoedd
A dolydd yn stôr.
I'w meddu hoff Gymry,
Wel croeswch y môr.

Os hiraeth a erys
Am Gymru dros dro,
Bras diroedd Amerig
A'i gyr ef ar ffo;
Rwy'n dyweud yn brofiadol
Fel buais fy hun,
A'r wasg roddo'r hanes
I'r Cymry bob un.

Rwy'n 'nawr yn gysurus
Heb brudd-der i'm bron,
Mewn bwthyn bach llwydaidd,
Yn state Washington;
A Douglas yw'r county
Lle sanga fy nhroed,
I'w lenwi hoff Gymry
O dewch yn ddioed.

Yr enwog Columbus,
I'w enw boed parch,
Am ganfod Amerig
Cyn myned i'w arch,
Y wlad sydd mor eang
A'i chyfoeth mor llawn,
Dewch yma hoff Gymry
Mae hon yn wlad iawn.

Carnofardd
Douglas Co., Wash.

Rhai Sylwadau Terfynol

Bu'r Cymry'n arloesi'r tir yn ddygn ac o ganlyniad i'w llafur hwy a'u tebyg daeth y tiroedd i'r gorllewin o afon Mississippi yn rhan o'r gyfundrefn Americanaidd. Mewn amgylchiadau a brofodd yn ormod i lawer, llwyddasant i greu ffermydd o dir anial ac oherwydd eu hymdrechion hwy y tyfodd y gwahanol ardaloedd yr adroddwyd amdanynt. Pan sefydlwyd Powys, Kansas, gyntaf dywedwyd mai'r nod oedd i 'sefydlu cymdogaeth yno, ac felly dwyn cyfleusterau naturiol, moesol, a chrefyddol, i afael y sefydlwyr, na all Cymry gael wrth ymsefydlu, un yma a'r llall draw'. Dyna obaith yr ardaloedd hyn yn gyffredinol a llwyddwyd i gyrraedd y nod yn amlach na pheidio. Y siomedigaeth yw na fu'r un ardal yn ddigon mawr a chynhwysfawr i osgoi'r dirywiad ym mywyd Cymraeg y Cymry ac er gwaethaf pob ymdrech i sefydlu cwmnïau tirol, ni thyfodd yr un ohonynt i faintioli mawr fel y sefydliadau llai ffurfiol yn Minnesota ac Emporia, Kansas.

Dechreuwyd arloesi llawer ohonynt cyn i'r hen *West* gael ei chyfnewid yn llwyr. Yn y gyfrol deugain ac wyth tudalen am Arvonia a gyhoeddwyd yn 1869, mae'n amlwg fod y *prairie* traddodiadol gyda'r buail wrth y miloedd yn Kansas o hyd.

> O ganol y Dalaith i'w therfyn gorllewinol y mae cannoedd o filoedd o fualod *(buffaloes)* gwylltion, yn byw allan haf a gaeaf, gan ymborthi ar gynnyrch y tir. Mae y gwellt yn gwywo ddiwedd y flwyddyn, a chan sychder yr hin y mae yn cynaeafu yn wair da heb ei dorri, ac ar hwn y mae yr anifeiliaid gwylltion yn byw. Cyfrifir fod yn ofynnol cael cymaint o ymborth i gynnal un bual gwyllt ag sydd eisiau i borthi pump o ychain cyffredin, neu hanner cant o ddefaid; a chan fod y fath yr oedd anferth mewn rhifedi yn byw yn Kansas, rhaid fod y tir yn fras a ffrwythlon.

Eto, medrai'r cyfan newid yn gyflym, yn enwedig ar ôl i'r rheilffordd gyrraedd rhan orllewinol Kansas gyda Dodge City yn 1872. Nid peth anghyffredin oedd canfod 70,000 o grwyn buail yn barod i'w cludo i'r dwyrain ac erbyn 1875, ac 850,000 o grwyn wedi'u hanfon ymaith, roedd y creaduriaid ar fin diflannu'n llwyr. Nid y buail yn unig a saethwyd ac i'r de o'r rheilffordd, yn Dodge City, ni orfodwyd neb i waredu ei wn. Gwelodd sawl un ei ddiwedd â'i esgidiau'n dal ar ei draed, a dyna pam y gelwid mynwent y dref yn *Boot Hill Cemetery.*

Nid peth hawdd oedd saethu'r buail yn ôl John T. Jones a fu'n gapten ar feirchfilwyr y 30ain o Wisconsin:

> *Reveille* am ddau o'r gloch; cychwyn am bedwar o'r gloch; y tywydd yn boeth fel arferol; ffordd dda; teithiasom 30 milltir heddiw heb ddiferyn o ddŵr ond oedd gennym yn ein *canteens*. Dilyn gwely yr afon i'r gogledd. Lladdasom ddau *buffulo* heddiw. Yr oedd un ohonynt yn dunnell o bwysau, a'r hirflew ar ei dalcen yn droedfedd o hyd. Yr unig fodd i'w lladd yw eu saethu y tu ôl i'w hysgwydd, a gwneud am y galon. Y mae golwg ardderchog o ddychrynllyd ar yrr ohonynt ar lawn garlam goes styff, a'u pennau i lawr a'u cynffonau i fyny.

Felly yr ysgrifennodd ar Orffennaf y 29ain, 1864 tra oedd yn teithio o amgylch y Dakotas mewn ymgais i ddarganfod lle addas i godi caerfa newydd. Er yr holl ramant sy'n gysylltiedig â'r hen orllewin, nid dyna brofiad y mwyafrif, ond yn hytrach y caledi cynnar a wynebwyd gan deuluoedd megis teulu Phil Parry sy'n dal i fyw yng nghyffiniau Bala. Un o ardal Rhydaman oedd ei dad-cu a thra oedd yn byw yn Hiawatha, Kansas, lle'r oedd rhywfaint o Gymry, clywodd am sefydliad newydd Powys gyda Bala yn dref ganolog iddi. Gan na fedrai siarad fawr o Saesneg cododd awydd arno i ymweld â'r lle, taith gan milltir ar gefn ceffyl. Priododd ferch leol a buont fyw am gyfnod mewn *corncrib*, gyda'r indrawn yn un pen a hwythau yn y pen arall. Flynyddoedd yn ddiweddarach, pan oedd eu hamgylchiadau'n llawer gwell, arferai Phil Parry glywed ei fam-gu'n sôn am yr oeraf o dywydd pan fyddai haen o rew ar flancedi'r babanod erbyn y bore.

Er mor fychan oedd llawer o'r ardaloedd Cymreig, parhaodd Cymreictod y trigolion ar ôl colli'r genhedlaeth wreiddiol. Bron hanner canrif ar ôl i'r ymfudwyr cynharaf groesi afon Mississippi er mwyn ymsefydlu yn Old Man's Creek, byddent yn dathlu'r 4ydd o Orffennaf gyda'r un ysbryd cymdeithasol:

> Dathlwyd yr ŵyl flynyddol hon gennym eleni (1891) yn nghoedfa Mr Hugh Tudor, yn ymyl y capel. Nis gallem gael rhagorach lle na hin mwy dymunol; ac yr oedd torf fawr yn bresennol – llawer wedi dod allan o Iowa City. Arweinwyd yr Ysgol Sul o'r capel i'r *grove* gan Mr Samuel Jones, hen filwr, yn ei wronwysg *(uniform)* . . . ond y prif beth yn y prynhawn oedd araith gan y Parch Mr Evans ar *lwyrymwrthodiad;* ac yr oedd yn bob peth allud ddymuno ar y pwnc . . . yr oedd y canu a'r llefaru yn uwchraddol, a'r siarad oedd mae dyna y *Fourth* gorau gafwyd eto yn y gymdogaeth.

A thra oedd yn ymweld â'r ardal hon yn yr un cyfnod, cafodd William D. Davies ei siomi ar yr ochr orau:

Cefais y Cymry bron oll yn siriol trwy y sefydliad, a thrwy fod plant yr ardal bron yn ddi-eithrad yn darllen a deall Cymraeg yn dda, er ei bod yr ardal Gymreig hynaf y tu gorllewinol i Mississippi, gwerthais yn dda o'm llyfr . . .

Fodd bynnag, nid oedd neb wedi rhagweld y byddai'r cymunedau'n dirywio o ganlyniad i ddiboblogi cefn gwlad, yr hyn a fu, efallai, yn fwy dinistriol na'r diboblogi yng nghefn gwlad Cymru. Heddiw gall unigolyn gyflawni gwaith dwsin ganrif ynghynt ac yn hytrach na bron i saith miliwn o ffermydd yn 1935 ni cheir fawr mwy na dwy filiwn bellach. Pan oedd bywyd a gwaith naw y cant o boblogaeth Ewrop yn dal yn gysylltiedig ag amaethyddiaeth, dim ond dau i dri y cant oedd yn amaethwyr yn yr Unol Daleithiau. Mae'n wir y cyfeiriwyd at deulu o Emporia yn dal ar yr un fferm er 1857, ond nid dyna'r sefyllfa'n gyffredinol ac mae llawer o bobl o gefndir Cymraeg bellach yn byw yn y mân drefi gerllaw yr hen sefydliadau. Yn achos y Bala yn Kansas, er enghraifft, a thra bod rhaid edrych tuag at Califfornia i ganfod y teulu James a Niomi Sharples o Brasil, mae rhai yn y cylch sy'n defnyddio'r hen gapel fel lle i ymgynnull ar dro ac i ymgolli eu hunain yn yr atgofion am weithdy'r saer a'r crydd, efail y gof, y ddwy siop fferyllydd a phedair siop arall. Yn Minnesota a thref Mankato gerllaw, ni raid edrych ymhellach na'r lluniau o ddau gapel Cymraeg y dref i sylweddoli fod digon wedi ailgartrefu yno i gyfiawnhau codi adeiladau sy'n fwy godidog eu harddull na rhai syml y wlad.

Gan nad oes yr un llewyrch ar yr hen sefydliadau bellach, mae'n rhy hawdd anghofio iddynt unwaith drawsnewid amgylchiadau lluoedd o Gymry. Trwy eu gweithgarwch eu hunain byddent ar eu hennill a hynny yn lle'r hen galedi a'r tlodi y cyfeiriai Michael D. Jones atynt. Nid rhyfedd eu bod yn dathlu'r 4ydd o Orffennaf trwy arddangos y gorau o'u diwylliant a chynnal eisteddfodau. Cadeiriwyd Iago Ddu yn Arvonia ar y dydd arbennig hwn yn 1871. '*You bet*, nid oeddwn werth botwm' oedd atgof eisteddfodwr selog arall am yr hen frwydr i ennill bywoliaeth yng Nghymru. Arferai hwn gystadlu yn eisteddfodau Minnesota ac mae ei gyfres o englynion at gyfaill yn mynegi ei obeithion at y dyfodol.

Un o'r pethau a brofodd yn siomedigaeth fawr yng Nghymru oedd y diffyg cefnogaeth o'r Unol Daleithiau i fynd i Batagonia. Gwelwyd eisoes fod gan Gymry'r wlad resymau cryf dros beidio bod yn awyddus i fynd ac fe wyddent o brofiad am yr anawsterau y byddent yn debygol o'u hwynebu a pha mor bwysig oedd cael marchnad barod wrth law. Gofid arall oedd ymddygiad y brodorion lleol ac yn y cyfnod cyn yr ymfudo i Batagonia dyna'r union beth y bu'n rhaid iddynt ei wynebu yn

Minnesota: 'Nid yw y bobl yn gallu dyrnu am fod yr Indiaid wedi dwyn eu ceffylau . . .' Eto, ar y cyfan, llwyddwyd i osgoi'r fath wrthdaro ac yn Arvonia, Kansas, lle arferai'r Indiaid ddefnyddio siop y pentref, bu'r berthynas yn ddigon da a thalwyd y dyledion yn ddiweddarach.

Yn ei gofiant i Michael D. Jones mae Dr Pan Jones yn feirniadol iawn o J. Mather Jones a oedd yn gyfrifol am ddau o'r cwmnïau tirol. Fe'i cyhuddodd ef a'i bapur o anwybyddu'r syniad o ymsefydlu ym Mhatagonia: 'Yr oedd ymdrechion mawrion yn cael eu gwneud yn y Taleithiau yr amser hwnnw i gychwyn sefydliadau Cymreig yn Kansas, Missouri, a Nebraska, a gwyddid yn dda fod *Y Drych* yn perthyn i gefnogwyr dau o'r sefydliadau hyn . . . ' Eisoes fe welwyd bod y gwrthwynebaid i Batagonia yn llawer helaethach na'r *Drych* ac mae'n debyg bod Owen Hughes o Wisconsin a ymwelodd ag Arvonia yn 1870 yn weddol agos i'w le pan ddywedodd fod 'Mr J. Mather Jones yn ddyn boneddigaidd, tirion, ac yn caru llwyddiant a chysur pawb o'i gydgenedl, ac yn dioddef llawer o galedi ei hun i wasanaethu ei genedl'. Er gwaethaf yr anghytundeb ni fedrai Dr Pan Jones lai na chydnabod y croeso a gafodd tra oedd yn ymweld â'r Unol Daleithiau yn y 1880au:

> Wrth adael eich gwlad dymunaf gyflwyno i chwi fy niolchgarwch gwresocaf am y caredigrwydd mawr a dderbynais oddi ar eich llaw yn ystod y pedwar mis y bûm yn ymdaith yn eich plith. Ni welais wg ar ael, ac ni chlywais groes yn llais neb ohonoch . . .

Er nad oedd cefnogaeth i'r ymsefydlu ym Mhatagonia, yr un oedd yr ewyllys i gynorthwyo'u cyd-genedl ar y naill ochr i'r Iwerydd a dyna a symbylodd Gwesyn Jones i ddechrau sefydliad Powys yn Kansas yn 1871:

> Dyma gyfle ardderchog i'r glowyr gael codiad yn eu cyflogau trwy gynorthwyo ei gilydd i fynd allan i Powys. Tybiwn mai cynllun ardderchog fyddai i'r glowyr a'r chwarelwyr yn y wlad hon a'r hen wlad, ffurfio clwb ymfudol yma a thraw, a rhoddi symniau o arian ar log i'r aelodau fyddant yn barod i fyned allan i ffarmio . . .

Gŵr arall a fu yr un mor dosturiol â Gwesyn Jones yn ôl yn 1858 oedd William Rowlands a gartrefai yn Iowa:

> Mae wedi bod yn pwyso yn drwm ar fy meddwl mewn perthynas i luoedd o'm cydgenedl pa rai sydd yn ymddibynu ar y pwll glo a'r melinau haearn . . . a chlywed a darllen am y gwethydd yn stopio yn y gwahanol fannau a thaflu y gweithwyr allan o waith . . . byddai yn dda gennyf pe bawn yn gallu denu lluoedd o'r Cymry gweithgar i

ddyfod yma i drin tipyn ar wyneb y ddaear, a gadael llonydd i'w chrombil . . . Gwir fod yr arian yn brin yma fel mannau eraill, ond mae y ffermwyr i gyd a digon o fwyd yn y tŷ er hynny . . .

Bu rhywfaint o rwgnach am y rhan a chwaraeai gweinidogion pan ffurfiwyd y cwmnïau tirol hefyd. Cyhuddwyd hwy o 'speculato mewn tiroedd' ond, yn ôl Gwesyn Jones, dyna'r peth olaf ar ei feddwl:

> Pe byddai gennyf arian, prynwn filiynau o erwau eto, yn rhyw rannau o'r Gorllewin, ac yna awn i Gymru, a threiwn berswadio miloedd o'm cydgenedl i ddyfod drosodd. Gwnawn pob ymdrech i'w sefydlu yn gysurus, ac wedi gorffen hynny gwnawn yr un peth drachefn; ac yna pan yn tynnu fy nhraed i'r gwely i farw, teimlwn fy mod wedi gwneud gwaith cyffelyb i'r hyn y bu Moses ynddo am ddeugain mlynedd . . .

Nid llawer oedd yn cyd-weld â Samuel Roberts ychwaith pan benderfynodd yntau fynd i dalaith gaeth Tennessee. Unwaith y cyrhaeddodd yno, yn ôl llythyr i'r *Cenhadwr Americanaidd* yn 1856,

> rhaid iddynt ddodi *padlock* ar eu tafodau, byw ynghanol yr aflan beth, heb ddweud gair yn ei erbyn. Gwell lle, can waith gwell, ar faesydd toreithog Kansas, neu yn nyffrynnoedd Nebraska. Hyderaf y bydd i'r bobl annwyl, eu gwell ni ddaeth i'n gwlad, ystyried yn ddifrifol yr anhawsterau o sefydlu mewn talaith gaeth a mwynhau eu hiawnderau anwylaf . . .

Er derbyn mai annoeth oedd ymsefydlu yma, ac i raddau ym Mhatagonia, ni ddylid gweld bai ar Samuel Roberts na Michael D. Jones. Yn yr holl adroddiadau a ymddangosai yng nghyhoeddiadau Cymraeg yr Unol Daleithiau am y gwahanol sefydliadau, ni welir enw'r un gwleidydd yn unman. Waeth beth oedd rhan gweinidogion San Steffan, y gwŷr hyn sy'n haeddu'r clod am fod yn gymaint o asgwrn cefn i'w cenedl.

Efallai mai'r agosaf i'w le yn y diwedd oedd Edward Jones o Cincinnati a anfonodd lythyr i un arall o bapurau'r wlad, *Y Cymro Americanaidd,* ym mis Medi, 1856:

> Yr wyf yn deall fod llawer o sôn am y cynygiad uchod yn ystod y misoedd diweddaf, a bod y wlad i'w chael yn Neheubarth America, fel na byddo i ni na'n hiaith fyned ar goll, ond byw yno, dybyglid, mewn dedwyddwch parhaus tu draw i ormes a thlodi . . . yr wyf innau yn gosod ger bron y cyhoedd y pethau canlynol, am fod yr anturiaeth grybwylliedig yn ymddangos i mi yn llawer mwy anfanteisiol ac anodd nag a ddangosodd neb eto amdani . . .

Cyfeiria at ymdrechion cyffelyb unedau gwleidyddol a chrefyddol eraill, ac fel y bu iddynt, yn y pen draw, fethu â gwireddu eu hamcanion. Efallai mai yng Nghymru ei hun y mae'r frwydr i'w hennill ac, os felly, diddorol fydd gweld a oes ganddi'r penderfyniad i fynnu'r hyn sy'n ddyledus iddi.

Un o Eisteddodau y Pedwerydd o Orffennaf

Yr eisteddfod gyntaf ydym yn gofio oedd ar y 4ydd o Orphenaf, rhyw 23 mlynedd yn ôl. Ac yr ydym yn cofio ein bod wedi cael llawer mwy o hwyl wrth drefnu lle iddi nag yn yr eisteddfod ei hun. Mewn rhyw dwll o le tu cefn i dŷ John Shields y paratoisom le iddi. Thomas Evans, *section* 10, oedd yn ein cyfarwyddo, oblegid nid oedd posibl cario un math o waith yn mlaen hebddo ef. Torasom eisteddleoedd yn y cyfodiad tir naturiol oedd yno, a thaenasom wair arnynt; a dyma y seti a'r *cushions* cyntaf a welwyd erioed yn Minnesota; ac yr oedd pawb yn eu canmol. Gwnaethom esgynlawr ar dipyn o gyfodiad tir o flaen yr eisteddleoedd, ac yr oedd yno goeden neu ddwy yn cysgodi, yn ogystal â chysgodi yr holl eisteddleoedd, a dwfr croew yn rhedeg yn y gwaelod rhwng yr esgynlawr a'r eisteddleoedd. Yr oedd pawb ohonom yn teimlo yn dda fod y paratoadau mor berffaith; ac mae paratoadau da yn sicrhau llwyddiant unrhyw anturiaeth. Boreu y 4ydd a wawriodd; pawb yn barod ymhell cyn i haul Minnesota ymddangos. Yn mhen amser gwelid y llwch yn gymylau ar y ffyrdd, a'r wageni mawr a'u llon'd yn myned o bob cyfeiriad – y *prairie* anferth yn frith o wageni yn cyrchu i'r un cyfeiriad; ceffylau, mulod, ac ychain corniog yn eu tynnu. Ac yn mhell cyn yr adeg, dacw yr eisteddleoedd yn llawn, ac yn llawer iawn mwy na llawn. Yr oedd tir yr ardaloedd y pryd hwnnw yn cynhyrchu chwain, ac yr oedd ein eisteddleoedd cysyrus wedi troi yn chwain. Yr oedd llawer iawn ohonynt yn pwyso cymaint ag ysgyfarnog weddol fawr. Ac nid oedd yn bosibl eu troi allan, oblegid allan yr oeddym oll gyda'n gilydd. Nid oedd fawr wahaniaeth pa le y byddai y dyn, yn y maes neu yn y capel, cosi y chwain oedd y rhan bwysicaf o'r gwasanaeth. Bernir mai y gawod genllysg, yr hon fu yn destyn pryddest yn Mankato ar ôl hyn, a ddinystriodd holl chwain Minnesota.

D. M. Jones
(ysgrifennai am ei brofiadau ym Minnesota
ar ôl iddo ddychwelyd i'r dwyrain)

Ateb i Anerchiad W. E. Williams
Butternut Valley, Minn.

Gwilym, 'rwyt ti'n hen geiliog, – yn cynnig
Canu mor odidog;
Pe yn medru can fel cog,
Gwiw linell gaet yn galonog.

Gwilym, prin iawn y'th goeliaf, – y teimlit
Amlwg goll am danaf;
Yn Nghymru, hynny honaf,
I hel ei bryd, dyma le braf.

Bu ynwyf wanc am wlad Ianci, – Gwilym,
A gwelaf ei thlysni;
Morio'n ôl! – na, fy marn i
Ydyw aros hyd oeri.

Yn Nghymru tynu o tanaf – a wnes
Fy nyth oedd daclusaf;
Fy iechyd a'i bryd goleu, braf,
Yrwyd o'm corff yn araf.

You bet nid oeddwn werth botwm, – *I guess*
Fu'r un gŵr mwy noethlwm
Pan o Gymru, bro llu llwm,
Hwnt hwyliais er ys talwm.

Gwilym, mae rhyw argoelion – y gallaf
Ymgolli mewn digon:
Golwg fel hyn gwyd galon
Oer, glaf yn Amerig lon.

Bwyell a llif, rai difri', – *I tell you,*
Talant yn awr imi;
Anyhow, wel dyna hi;
Ar un winc yr wy'n Ianci!

H. Gwyngyll Roberts
Judson, Minn., 1889

Llyfrau eraill ar y Cymry yn y Byd Newydd:

Y Cymry ac Aur Colorado
Eirug Davies
Pris £3.50

Gwladfa Patagonia
R.Bryn Williams
Pris: £4.25

Dyddiadur Mimosa
Joseph Seth Jones
Golygydd: Elvey MacDonald
Pris: £3.50